世界名人非常之路

SHI JIE MING REN FEI CHANG ZHI LU

高尔基

刘明山◎编著

中国社会出版社
国家一级出版社★全国百佳图书出版单位

《世界名人非常之路》编委会

前言

著名学者培根说："用伟大人物的事迹激励我们每个人，远胜于一切教育。"

的确，崇拜伟人、模仿英雄是每个人的天性，人们天生就是伟人的追星族。我们每个人在追星的过程中，带着崇敬与激情沿着伟人的成长轨迹，陶冶心灵，胸中便会油然升腾起一股发自心底的潜力，一股奋起追求的冲动，去寻找人生的标杆。那种潜移默化的无形力量，会激励我们向往崇高的人生境界，获得人生的成功。

浩浩历史千百载，滚滚红尘万古名。在我们人类历史发展的进程中，涌现出了许多可歌可泣、光芒万丈的人间精英。他们用挥毫的笔、超人的智慧、卓越的才能书写着世界历史，描绘着美好的未来，不断创造着人类历史的崭新篇章，不断推动着人类文明的进步和发展，为我们留下了许多宝贵的精神财富和物质财富。

这些伟大的人物，是人间的英杰，是我们人类的骄傲和自豪。我们不能忘记他们在那历史巅峰发出的洪亮的声音，应该让他们永垂青史，英名长存，永远纪念他们的丰功伟绩，永远作为我们的楷模。以使我们未来的时代拥有更多的出类拔萃者，以便开创和编织更加绚丽多姿的人间美景。

在我们追寻伟人的成长历程中会发现，虽然每一位人物的成长背景各不相同，但他们在一生中所表现出的辛勤奋斗和顽强拼搏精神，则是殊途同归的。这正如爱默生所说："伟大人物最明显的标志，就是他们拥有坚强的意志，不管环境怎样变化，他们的初衷与希望永远不会有丝毫的改变，他们永远会克服一切障碍，达到他们期望的目的。"同时，爱默生又说："所有伟大人物都是从艰苦中脱颖而出的。"

伟大人物的成长也具有其平凡性，关键是他们在做好思想准备进行人生不懈追求的过程中，从日常司空见惯的普通小事上，迸发出了生命的火花，化藐小为伟大，化平凡为神奇，获得灵感和启发，从而获得伟大的精神力量，去争取伟大成功的。这恰恰是我们每个人都要学习的地方。

正如学者吉田兼好所说："天下所有的伟大人物，起初都很幼稚而有严重缺点的，但他们遵守规则，重视规律，不自以为是，因此才成为一代名家，而成为人们崇敬的偶像。"

为此，我们特别推出《世界名人非常之路》丛书，精选荟萃了古今中外各行各业具有代表性的有关名人，其中包括政治领袖、将帅英雄、思想大家、科学巨子、文坛泰斗、艺术巨匠、体坛健儿、企业精英、探险英雄、平凡伟人等，主要以他们的成长历程和人生发展为线索，尽量避免冗长的说教性叙述，而采用日常生活中富于启发性的小故事来传达他们成功的道理，尤其着重表现他们所处时代的生活特征和他们建功立业的艰难过程，以便使读者产生思想共鸣和受到启迪。

为了让读者很好地把握和学习这些名人，我们还增设了人物简介、经典故事、人物年谱和名人名言等相关内容，使本套丛书更具可读性、指向性和知识性。

为了更加形象地表现名人的发展历程，我们还根据人物的成长线索，适当配图，使之图文并茂，形式新颖，设计精美，非常适合读者阅读和收藏。

我们在编撰本套丛书时，为了体现内容的系统性和资料的翔实性，参考和借鉴了国内外的大量资料和许多版本，在此向所有辛勤付出的人们表示衷心谢意。但仍难免出现挂一漏万或错误疏忽，恳请读者批评指正，以利于我们修正。我们相信广大读者通过阅读这些世界名人的成长与成功故事，领略他们的人生追求与思想力量，一定会受到多方面的启迪和教益，进而更好地把握自我成长的关键，直至开创自己的成功人生！

高尔基

人物简介

名人简介

马克西姆·高尔基（Maksim Gorky），原名：阿列克谢·马克西莫维奇·彼什科夫（Алексей Максимович Пещков，1868～1936），也叫斯克列夫茨基，苏联伟大的小说家、剧作家、诗人、政论家和文艺批评家，也是现实主义文学的奠基人。他的主要作品有剧本《小市民》、《敌人》，散文诗《海燕之歌》，自传体三部曲《童年》、《在人间》、《我的大学》，以及许多童话故事和评论文章等。

高尔基出身贫苦，幼年丧父，11 岁就在社会上奔波，但他人穷志不穷，在业余时间勤奋读书，并于 1892 年发表处女作《马卡尔·楚德拉》，不久开始在地方报刊当编辑、记者。1898 年即出版两卷集《随笔和短篇小说》，从此蜚声俄国和欧洲文坛。

1900 年，高尔基参加知识出版社的工作。1901 年，高尔基因发表散文诗《海燕之歌》被逮捕。在被捕期间，高尔基的创作转向了戏剧，并引起俄国剧坛巨大轰动。

高尔基于 1906 年秋从美国到意大利，定居喀普里岛，成立了一个培养革命家和宣传员的学校。此后，他创作了长篇小说《玛特维·克日米亚金的一生》、中篇小说《夏天》和剧本《最后一代》，以及《俄罗斯童话》等一批优秀作品。

1921 年夏天，高尔基因病复发出国就医，直至 1928 年基本上住在意大利索伦托。期间发表了回忆录《列夫·托尔斯泰》和特写《列

宁》，完成自传三部曲《童年》、《在人间》和《我的大学》，以及长篇小说《阿尔塔莫诺夫家的事业》等作品。

1928 年高尔基回国，1931 年起定居莫斯科。

1936 年 6 月 18 日，高尔基在哥尔克逝世，终年 68 岁。

成就与贡献

高尔基所处的那个年代，正是俄国文学空前繁荣的时代，然而，高尔基却以他与众不同的写作风格，走进俄国文坛。由于他出身于社会底层，所以他特别了解广大的人们群众生活的疾苦，在世界文学历史中，他的作品第一个在创作中真实而生动地歌颂了无产阶级的革命斗争，塑造了一群光辉的英雄形象，开创了无产阶级文学的新纪元。

高尔基不仅是伟大的文学家，而且也是杰出的社会活动家。他组织成立了苏联作家协会，并主持召开了全苏第一次作家代表大会，培养文学新人，积极参加保卫世界和平的事业，对马克思主义文艺理论和社会主义文化事业作出了重大贡献。

地位与影响

高尔基是最伟大的无产阶级作家，被伟大导师列宁称之为“无产阶级艺术的最杰出的代表”。他的文学创作和文学理论观点，是全世界无产阶级的共同财富，对国际工人运动和民族解放运动，以及无产阶级文学产生了积极的影响。

从 20 世纪初开始，他的作品陆续被介绍到中国。他的许多小说、剧本和论著都不仅有了中译本，而且还被编选成单卷、多卷的《高尔基文集》出版，对我国五四运动以后新文学的发展有重要影响。

目录

高尔基

苦难童年

流浪生涯

特别旅行

创作历程

事业丰碑

附　录

苦难童年

一个温存的目光，一句由衷的话语，能使一个人忍受生活给他的许多磨难。

——高尔基

出身不幸家庭

1868 年 3 月 28 日，在俄国伏尔加河畔的下诺夫戈罗德城的一户木工家里，一个呱呱坠地的小生命睁开了眼睛。

高尔基的祖父是沙俄时代一个残暴的军官，由于他残酷地虐待部下，被沙皇尼古拉一世降了职。他不仅在军队残暴，在家庭中也是个暴君。高尔基的父亲马克西姆·萨瓦季耶维奇·彼什科夫小时候受尽了他的鞭打。

由于不堪忍受父亲的暴行，马克西姆从 10 岁至 17 岁之间，经常离家出走，最后一次，他成功地逃离了家庭，到下诺夫戈罗德城的一家木器店里当上了学徒。

马克西姆是个聪明善良、乐观开朗的人，他在年满 20 岁的时候就已经成为一个上好的细木匠、裱糊匠和装饰匠。

他工作的木器店旁边是一家染坊店，这家店的老板名叫卡希林。曾是伏尔加河上的一名纤夫，经过三次航行，他成了商船队里的一个领班。后来他从事染布业，当上了老板。

卡希林有个漂亮的大女儿瓦尔瓦拉，因为他在社会底层苦苦挣扎了一辈子，所以希望女儿能够找一个好的归宿。但让他没有想到是，瓦尔瓦拉居然爱上了贫穷的马克西姆，她认定这个朴实能干的年轻人是自己可以托付一生的人。

瓦尔瓦拉不顾父亲的反对，毅然嫁给了马克西姆，她就是高尔基的母亲。

对于女儿的忤逆，卡希林一开始甚至不和他们来往，直至小外孙出生，他才承认了这个女婿。

尽管卡希林一直对女儿一家不理不睬，但他的妻子，小高尔基善良的外祖母阿库林娜·伊凡·诺芙娜，却从小外孙出世就担任起了照顾他的职责。

阿库林娜太太年轻时曾经是巴拉赫纳的一个织花边的女工，她胖墩墩的身体，大脑袋，大眼睛，鼻子上皮肉松弛，常常穿着一身黑衣，看上去整个人软软的。小高尔基非常喜欢和她在一起。

1871 年春，也就是高尔基 3 岁那年，他的父亲马克西姆得到了伏尔加轮船公司驻阿斯特拉罕的轮船营业所经理的职务，于是全家人都离开下诺夫戈罗德城，搬到了阿斯特拉罕去。

新生活让小高尔基快活不已，因为这段时期的他是整个家庭的中心，父亲的收入也足够全家享用，年幼的高尔基觉得自己是世界上最快乐的小孩。

然而，不幸的事随后就发生了，几个月后，阿斯特拉罕地区流行霍乱，年幼的高尔基病倒了，接着他的父亲马克西姆也病倒了。

在母亲和外祖母的细心照料下，小高尔基活了过来，而他父亲的病情却一天比一天严重。

有一天，马克西姆睡着了就再也没有醒来。小高尔基看见自己的母亲和外祖母围着父亲哭了起来，非常奇怪，因为他从来没有见过大人们哭，而且家人也常常教育他不要随便哭泣。

小高尔基呆呆地望着这奇怪的一幕，他的外祖母过来拉着他的手说："孩子，快去跟你的父亲告别，你以后再也看不见他了。"停了一下，外祖母又说："唉！他还那么年轻，他不应该这么早就死啊！"

小高尔基刚患过一场大病，现在刚能勉强下地走路，他看见母亲围着父亲哭，心里虽然难过却哭不出来。

几天后的一个雨天，是马克西姆先生下葬的日子，母亲因为身体太虚弱了没有去。外祖母带着年幼的小高尔基去给马克西姆送葬。

在那个荒凉的坟场的角落里，小高尔基站在一个小山坡上，眼睁睁地看着父亲的棺材被放进一个积有雨水的深坑里面，坑底还有好几只青蛙，其中两三只还爬到了黄色的棺盖上面。

外祖母哭得很伤心，她拉着小高尔基的手忽然问：“孩子，你为什么不哭呢？你应该哭啊！”

“我！我哭不出来。”小高尔基小声地回答，因为他觉得自己实在找不到哭泣的理由，平日里当他受了委屈或者遭遇疼痛的时候，他总是很轻松地哭起来，而在那种时候，他的父母总是告诉他做人要坚强，不要随便掉眼泪。

可是这一次，为什么外祖母一定要自己哭出来呢？难道就是因为自己的父亲被埋在了地下吗？不满4岁的小高尔基根本就不知道自己的父亲被埋以后，就再也见不到他了。

他还没有体会到失去父亲的真正含义，亲人的死亡对他来说，就如同是出了远门，过些日子也许还会回来的。他哪里知道，这就是自己与父亲的永别呢？

多年以后，当高尔基真正明白了死亡的含义以后，为了纪念父亲，他选择了父亲的名字马克西姆作为笔名，而他的原名阿列克赛·马克西莫维奇·彼什科夫反而很少有人知道了。

寓居外祖父家

埋葬完父亲以后，小高尔基和外祖母回到家中，外祖母对他说："现在，你的父亲没有了，家里没有了经济来源，所以我们必须离开阿斯特拉罕，重新回到下诺夫戈罗德城。"

听她这样说，小高尔基本想去询问一下自己的母亲。但他看见，自从父亲生病并被人抬走以后，母亲就像变了一个人一样，她不再将自己打扮得漂漂亮亮的，脸上也没有了常见的笑容，这让小高尔基非常不习惯。

好在，他的外祖母是个慈祥的老太太，她安慰小高尔基说："这些天，你就不要去烦你的母亲了，她的心里不好过呢！"

为了让小外孙开心一点，外祖母把小高尔基抱在怀里，给他讲起了故事：

"在天堂的草地中央，有一座山岗，山岗上面有一个蓝宝石宝座，

上帝就坐在这个宝座上面。那儿有许许多多的菩提树，为了使上帝的信徒们高兴，菩提树永远是枝繁叶茂的。那里没有冬天也没有秋天，花儿永远也不会凋落。

"上帝的身边有无数天使，这些天使有时绕着上帝欢快地飞翔，有时像

白鸽儿一样飞到人世间，然后再飞回天上，把凡界的事儿报告给上帝。上帝对每一个人都是公平的，因此，我们在下面必须要做一个好人，不然就会得到上帝的惩罚。”

老人讲故事的时候，声音很低，很神秘。她俯下身子凑近小外孙的脸，睁大眼睛注意地看着他，仿佛是往小高尔基的心里灌输一种使他振奋的力量。

小高尔基第一次听到这么美妙的故事，感到非常有趣。他听完一个故事后，意犹未尽，便要求外祖母再讲一个。

外祖母见他那么感兴趣，也总是兴致勃勃又给他讲一个。外祖母在讲故事的时候，有时还故意做出故事中的一些顽皮动作逗乐小高尔基。一个一个的故事，使小高尔基暂时忘记了自己的父亲，也忘记了变得有些让他不习惯的母亲。

不久，小高尔基和母亲跟着外祖母踏上了开往下诺夫戈罗德城的轮船。从此以后，小高尔基将开始新的生活。

此时的小高尔基还少不更事，他觉得眼前的一切都是那样的新鲜。在船舱里，他伸直了脖子望着船舱外的一切，对什么事物都感到好奇。

外祖父一家在船到达下诺夫戈罗德城的时候，迎接了他们。小高尔基第一次见到祖父就没有好印象。

外祖父卡希林是一个矮小干瘦的老头，他走到小高尔基面前，询问道：“你是谁家的孩子呀？”

小高尔基抬头望了他一下回答说：“我，我是从阿斯特拉罕来的，是从一艘船上跑下来的。”

卡希林先生听了小外孙的话感到非常好笑，他没等小高尔基说完，就推开小外孙对女儿瓦尔瓦拉说：“天啦！他说的什么呀？”然后就只顾着跟女儿聊了起来。

外祖母又把自己的儿子和媳妇们介绍给小高尔基：“来吧！我的

孩子，你都来认识一下。这是你的米哈伊洛舅舅，这是雅科夫舅舅，这是娜塔莉娅舅妈；这是你的两位表哥，他们都叫萨沙；还有你的表姐琳娜。以后我们大家就是一家人啦！”

小高尔基挨个礼貌地向亲人们问好，此时的他知道了那个叫做米哈伊洛的舅舅是母亲的大弟弟，他像外祖父一样干瘦，把黑头发梳理得非常整齐。雅科夫舅舅则是母亲的小弟弟，他的头发是浅色的，打着卷儿，显得非常精神。娜塔莉娅舅妈是米哈伊洛舅舅的妻子，她挺着大大的肚子，穿着鲜艳的衣服，和外祖母走在最后。

小高尔基第一次与外祖父家的人见面，就感到在这些亲人里面，不论是大人还是小孩，都对自己充满着敌意。特别是自己的外祖父，他那刀子一样的眼神，让年幼的高尔基产生了一种莫名其妙的恐惧感。他不知道这到底是什么原因，只好紧紧地跟在外祖母的身后。

高尔基到外祖父家后不久，他就发现，在外祖父家的生活与自己阿斯特拉罕家温暖和睦的生活是完全两样的。

外祖父卡希林先生的染坊厂由于受到机织棉布生产的影响，加上机器印花布的普及，生意时好时坏。所以，卡希林的心情非常坏，争吵和打架的事件在这个新家里常常发生。

就在他和母亲到达外祖父家后不久，两个舅舅就和外祖父吵了起来。

那一天，大家都围着厨房里的桌子旁吃饭，两个舅舅忽然站了起来，他们吵吵嚷嚷地要求分家。

卡希林先生气得暴跳如雷，他用饭勺敲着桌子，脸涨得通红，像公鸡一样尖着嗓子向两个儿子大声地叫道：“你们这是要造反啦！都给我滚出去要饭去！”

外祖母阿库林娜太太痛苦地说：“分吧！分吧！省得他们再吵！”

卡希林先生对着库林娜太太吼道：“你给我闭嘴，他们都是被你惯的！你真是教子无方啊！”

这时候，米哈伊洛舅舅突然抡圆了胳膊给了雅科夫舅舅一个耳光，雅科夫大吼一声，揪住米哈伊洛，两个人在地上滚成了一团，小小的屋子里发出一阵喘息、叫骂和呻吟的声音。

后来，小高尔基问外祖母，大人们为什么要打架。外祖母告诉他，在他和他母亲回到这个家之前，他的两个舅舅就已经闹着要分家了。现在他们母子回来，两个舅舅担心小高尔基的母亲回来要回那份本来属于她的嫁妆。舅舅们认为嫁妆应当分给他们。此外，他们还希望自己能够得到外祖父的染坊。

从这以后，高尔基就经常看见两个自私自利的舅舅为了争夺家产而大打出手。

知道这些事后，高尔基很难过，他为自己有这样的亲戚而感到羞愧。在这个家里，他最愿意和外祖母待在一起，他觉得真正关心与爱护自己的只有外祖母。事实上，她也是高尔基童年唯一的保护人。

每天晚上，小高尔基都和外祖母睡在一起，她会给这可爱的小外孙讲一些丰富、生动、优美的童话和民间歌谣。一个一个的夜晚，外祖母把自己对俄罗斯大自然的热爱，对童话、民歌的热爱都传给了幼年的高尔基。

外祖母是善良的，她热爱大自然和一切有生命的东西。她收养了“弃儿”小茨冈。她甚至从猫嘴里抢下“小八哥”，并把它的伤治好。在夏天和初秋的时候，外祖母经常带着高尔基到森林里去采集青草、野果、蘑菇和核桃，用卖这些东西的钱糊口或施舍给穷人。

外祖母教育小高尔基，坏事是由生活的困苦而产生的；大家生活在这个社会上，要学会互相关心才能得到上帝的关怀。

高尔基深深地热爱他的外祖母，因为她有那么多光明的、人性的东西。她以自己做人的道德力量，用对人生的热爱为高尔基扎下了不惧邪恶、追求真理的精神的“根”。

与佣工交朋友

自从两个舅舅打架后不久，小高尔基的母亲就不知去了哪里。一天早上，当高尔基醒来的时候发现母亲不在身边，他就起身去厨房找到外祖母。

小高尔基问外祖母："姥姥，我的妈妈去哪里了？"

外祖母说："来，孩子，我正要告诉你呢！你的妈妈出门去挣钱了，她必须挣钱养活你啊！她是一个母亲，有义务和责任养活自己的孩子。"

小高尔基似懂非懂地点点头，他觉得自己在外祖父家里更孤独了。后来，他和外祖父家的几个佣人交上了朋友。

一位是善良的青年学徒茨冈，他是小高尔基外祖母收养的一个弃婴，现在已经19岁了。茨冈特别勤快能干，外祖父卡希林先生非常器重他。

茨冈非常喜欢和小高尔基以及其他的孩子们玩，在高尔基第一次被外祖父打的时候，他主动出来帮助他。

在染坊里，小高尔基对大人们给布料染色的技术非常感兴趣，他不明白，黄布遇到黑水为什么就变成了宝石蓝，而灰布遇到黄褐色的水为什么就变成了樱桃红。

小高尔基觉得这太奇妙了，他很想自己动手试一试。他把这个想法告诉给了自己的小表哥雅科夫舅舅的儿子萨沙。

萨沙又黑又瘦，双目前凸，讲起话来吐吐吐吐，常被自己给咽住。他喜欢到处东张西望，好像在窥伺什么东西一样。大家都认为他是个乖孩子。他喜欢围着大人转，跟谁都挺好的，谁叫他干点什么，他都会乐于听命。

虽然高尔基也不怎么喜欢这个小表哥，但他想到只有这个哥哥能够帮助自己时，他就虚心向小表哥询问："萨沙表哥，我想学染色，你能帮我吗？"

萨沙一本正经地回答："我知道白色的布是最容易着色的。"并建议高尔基从柜子里把过节时用的白桌布拿出来，把它染成蓝色。

高尔基把沉甸甸的桌布拽了出来，费力地拖着它走到院子里，当他刚把一块布角放进宝蓝色的染桶里的时候，茨冈不知道从哪儿跑了出来。

茨冈一把把布夺过去使劲儿地拧着，并向在一边盯着高尔基工作的萨沙喊道："去，把你奶奶叫来！"

茨冈转过身来对惊慌失措的高尔基说："完蛋了，小朋友，你知道你做了什么吗？"

外祖母飞快地从屋里跑出来，大叫一声，几乎想要哭出声来，她大声说道："啊，我的上帝，瞧瞧你都做了什么！"

可她马上又想起了什么似的，对茨冈说道："茨冈，我的孩子，你可千万别跟老头子说！尽量把这事儿瞒过去吧！"

茨冈一面在花围裙上擦手，一面担心地说："奶奶，我这边你尽管放心，我会为这可怜的孩子保守秘密的，只是萨沙就……"

外祖母打断了他的话说："这样的话，我会给他两个戈比。"说着，就把高尔基领回屋里。

每个星期六晚上，外祖父一家都要坐到屋里一起祈祷，在祈祷之前，外祖父总是从水桶里捞起长长的树条子，把在这一星期中犯有过错的孩子痛打一顿。

此时的高尔基才知道，自己染色的那一块布原来是外祖父家中过节时才能使用的桌布，它非常地珍贵。

由于他的过错，外祖父生气极了，他很快查出了罪魁祸首就是自己的小外孙高尔基。这一次，外祖父要教训小外孙了。

外祖母见状，不顾一切地抱起外孙，对老头子说："你不能打彼什科夫，我不能把他给你。你这个魔鬼！"

尽管外祖母用尽全力去保护小外孙，但小高尔基还是被外祖父无情地抢了过去。卡希林先生把老婆推倒在地，从手中夺过外孙，抱到凳子上。

高尔基在外祖父的手中挣扎着，哭喊着，他拉外祖父的胡子，咬他的手指。卡希林先生更加生气，他夹紧了外孙，恶狠狠地将他摞在长凳上，用浸泡过的树条子抽了起来。

茨冈跑过去用自己的手臂去挡鞭子，他认为，自己的皮肉很厚，可以将卡希林先生的树条子折断，然后趁卡希林先生换另一条鞭子的时候让外祖母把小高尔基带走。但他没有想到，卡希林先生的树条早被水浸得很结实，极有韧性，根本就折不断。

这一次，外祖父把高尔基打得失去了知觉。接着小高尔基就大病了一场。生病的日子，高尔基的印象非常深刻，他感觉自己长得很快，并且有了一种奇异的感觉。从那时起，小高尔基就怀着一种不安的心情观察人们，对于一切屈辱和痛苦，不论是自己的或是别人的，他都会感受到一种锥心的疼痛。

在外祖父家里，高尔基的另外一个好朋友是老工人葛利高里。他给高尔基的外祖父干了一辈子的活，最后因为过度劳累而成了快要瞎掉的人。

高尔基的两个舅舅经常给这位可怜的老人开些无聊的、残忍的玩笑。有时，舅舅们会叫自己的儿子把葛利高里干活用的工具顶针用钳子夹到火上去拷，等到把顶针烧热以后，他们再悄悄地把顶针放到葛利高里老人的手边，看着老人因受烫而痛苦的样子取乐。

有时，他们又把颜色不同的料子偷偷地放在这个半瞎的老人手边，看着他把它们缝成一匹布，然后又看着他挨主人卡希林先生的骂。

对于儿子们的这些把戏，外祖母总是握着拳头警告他们："你们这些讨厌鬼，就知道捉弄人，真是不要脸的东西、坏蛋！"

有一次，高尔基看见雅科夫舅舅喝了很多的酒，他醉得不像样，不停地撕扯自己的衣服，不停地敲击自己的脑袋，抓头发、揪胡子、捏鼻子、甚至拧自己的嘴唇，满脸都是泪水。

这让高尔基很不理解。他一直觉得，雅科夫舅舅是个很快活的人，虽然他经常作弄葛利高里，但他一直得到外祖父卡希林的喜爱。

高尔基去问葛利高里，小舅舅为什么哭？为什么骂自己、打自己？

葛利高里把高尔基抱到膝盖上，告诉他："你舅舅把你舅妈打死了，现在他受良心的责备，你懂吗？不过，这些事情你怎么能懂呢？你最好什么也不要知道，不然，你会完蛋的！"

高尔基问葛利高里，舅舅为什么会把小舅妈打死呢？

葛利高里说："他打她，也许是因为她比他好，他嫉妒她。小兄弟，你不知道，卡希林父子的嫉妒心很强，他们的眼里根本容不下比他们强比他们好的人，他们总是玩一些鬼伎俩去折磨她、排斥她。"

停了一下，葛利高里继续说："不过，你的外祖母可是个好人，她什么话都说，但她不喜欢说谎，也不会说谎。尽管她常常闻鼻烟，而且还酗酒，但她淳朴得就跟圣徒一样。她整天都好像无忧无虑，憨憨的。你记着我的话，一定要好好地爱你的外祖母，永远陪伴着她。"

渐渐地，高尔基和茨冈、葛利高里都成了很要好的朋友。外祖母整日要忙家务，根本顾不上照料小外孙，年幼的高尔基每天只好从早到晚都围着茨冈和葛利高里打转。

外祖父的脾气不好，经常一生气就打高尔基，每次挨打的时候，茨冈总会把胳膊伸出去先挡几鞭子。这几鞭子虽然不算什么，但也令他难受。

有一次，他卷起袖子让高尔基看他肿起来的伤口，并故意装出埋怨的样子说：“唉！根本不管用啊！即使我的胳膊被打肿了，你还是得挨揍，而且你挨得一点儿也不比原来轻。这样的话，下次我可不管你了，你要自己照顾自己哦！”

茨冈尽管这样说，但当高尔基下次挨打的时候，他还是照样伸出手来去挡鞭子，还是照样增加一处新伤疤。

高尔基奇怪地问他：“你不是说不再管我了吗？为什么还要替我挨打呢？”

茨冈叹一口气，做出一副无辜的样子说：“唉,！我也搞不懂自己的手啊！当看见你挨打的时候，我的手就会不由自主地伸过去呀！”

随后，他又神神秘秘地对高尔基说：“我告诉你，下次再挨打的时候，千万别抱紧身子，要松开、舒展开，要深呼吸，喊起来要像杀猪，懂吗？”

说完，他又冲高尔基挤挤眼，说：“没问题，小朋友，这方面我有经验呢！听我的准没错，我就是被你姥爷揍大的。瞧啊，我浑身的皮都被他打硬了！”

茨冈的话让高尔基感到既好笑又感动。但遗憾的是，他们的友谊并没有维持多久，就被一场意外给终止了。

这天，是高尔基的小舅妈忌日，两个舅舅叫茨冈背十字架去上坟。因为十字架太重了，茨冈被压得跌倒在地，背脊断裂，后因流血过多，不幸死去。

高尔基亲眼见到自己的好朋友茨冈的身体被抬了回来。茨冈的全身是血，身体不停地抽搐，他的嘴里不停地吐着血泡泡，喉咙里还发出低低的哼叫声，后来声音越来越小，直至不能发出一点声音。

尽管高尔基已经不是第一次遭遇与亲人的生死离别了，但这一次，经过了近一年成长的他似乎终于明白了死亡到底是怎么回事。

高尔基守在茨冈的身旁，他一想到再也不能和茨冈聊天开玩笑，就难过得不行。

到了晚上，高尔基问外祖母："姥姥，上帝为什么要收走茨冈？他是一个多好的人啊！"

外祖母说："啊！这你都不知道么，我的傻孩子，因为上帝也喜欢我们的茨冈呀！他这是要把茨冈收去做天使呢！要知道，能当上上帝宠爱的天使也是非常不错的呢！"

高尔基又问："那么，上帝为什么不收走我呢？我也想做天使呢！"

外祖母哈哈一笑说："哦，这个啊！你在人间的苦难还没有受完啦！一个人，只有把他一生所有的苦难都受完了，才能上天做天使呢！不然，死后就会变成魔鬼，永远只能待在地狱。"

"可是，茨冈还很年轻啊！难道他的苦难都受完了？"高尔基还是不懂。

外祖母回答说："哦！我的孩子，茨冈一出生就被父母抛弃了，他的苦难从那个时候就开始了。所以我敢肯定地说，他的苦难已经受完了。"

不等高尔基继续问，外祖母便快速地结束了谈话："快睡觉去，小鬼。今天你的问题怎么这么多？"说着，她抓住被子的边儿，用力一拉，高尔基被抛到空中打了个转儿，落到鸭绒褥垫儿上。

外祖母一边大笑着，一边抓起高尔基把他塞进被子里。高尔基盖上被子，睡觉去了。

火灾造成恶果

每天晚上睡觉前，外祖母都会跪到卧室那个发暗的圣像前，一只手按在胸口上，另一只手不停地画着十字，向着上帝做祈祷。

每当这时候，小高尔基就会躺在大床上，裹上被子，仔细地聆听姥姥的祷告词。他觉得，听外祖母祈祷是一件很有趣的事儿。

外祖母会把一天之中的家务事以及欢乐和烦恼都告诉给上帝，她本来就胖乎乎的，跪在那儿就更显得臃肿庞大，仿佛像一座小山。刚开始，她念得很快，语言也含混不清，接着，她便嘟嘟囔囔地如同说起了家常一般。她这样念着：

“万能的主啊！您知道，每个人都想过上好日子！米哈伊洛是我的长子，理应住在城里，如果叫他搬到河对岸去住，这对他是不公平的。况且，那个地方差不多从来没有人住过。唉！不知道会有什么事发生。可他父亲比较喜欢雅科夫，有点偏心眼儿！所以我请求主啊，请您开导这个犟老头子吧！您告诉他，让他明白该怎么给孩子们分家！”

她眨巴着又大又亮的眼睛，望着圣像，虔诚地说：“万能的主啊！求您一定要帮帮我啊！”

然后，她慢条斯理地画十字、磕头。她的头很大，磕在地板上“咚咚”作响。最后，她直起身子，又开口说：“请您赐给瓦尔瓦拉欢乐和幸福吧！她不会惹您生气吧！您是明白的，她是个好人，不应该让她遭这么多罪啊！她还很年轻，不应该让她在悲哀里过一辈子啊！万能的主啊，您也不要忘了葛利高里！如果他真的瞎了，他就只好去讨饭了！他可是为我们老头子耗尽了心血啊！您可能认为我们老头子会帮助他吧！唉，主啊！这是不可能的啊！”

说罢，她便虔诚地低下头，双手垂下来，屏息静气，一动不动，像是睡着了似的。

一会儿，她又皱起眉头，喃喃自语地说：“唉，还有什么没有说呢？噢，对了，求你救救所有的正教徒，施之以怜悯吧！还请您原谅我，我的过错不是出于本心，只是因为我的无知啊！”

她叹息一声，满足地说：“万能的主啊！您无所不知，无所不能！”

高尔基对外祖母的上帝抱有很大的好感，因为他觉得外祖母口中的上帝非常亲近，所以他总是缠着姥姥说：“姥姥，给我讲一讲上帝的故事吧！”

外祖母说：“普通人是看不见上帝的，如果你一定要看，就会成为瞎子。只有圣人才能见到他。不过，我是真正见过天使的。当你的心灵一片清澄的时候，他们就会出现。有一回我在教堂里做晨祷，祭坛上就有两个天使清清亮亮的，翅膀尖儿挨着了地板，好像花边儿似的。他们绕着宝座走来走去，给伊利亚老神父帮忙。他已经非常老了，他想举起手向上帝祈祷，但是力不从心。

“于是，这两个天使就托着他的胳膊，助他一臂之力。他已经完全双目失明了，走路时磕磕绊绊的，不久他就死了。我看见了那两个天使，我太兴奋了，眼泪“哗哗”地往外流。他们真是太美了！噢！我的小彼什科夫，你要记住，不论是天上还是人间，凡是上帝的，一切都是美好的。”

高尔基问道：“那么，我们这里呢，也是美好的吗？”

外祖母在胸前画了个十字，回答道：“是啊！我们的生活也是美好的啊！这真该感谢上帝的保佑呢。”

高尔基很怀疑外祖母的话，他觉得，外祖父家的日子并不如自己阿斯特拉罕家的日子好。他心目中的家，人人都应该相亲相爱，而不是像外祖父家中这么尔虞我诈。

有一天，高尔基从米哈伊洛舅舅的房门前走过，看见穿了一身白的娜塔莉娅舅妈双手按住胸口，在屋子里乱窜乱喊。她声音不高，但却很可怕地说："上帝啊！把我召回去吧！把我带走吧！"

高尔基看见，娜塔莉娅舅妈无神的眼睛底下有几块青疙瘩，嘴唇青肿着，他问外祖母："姥姥，舅舅打舅妈了吗？"

外祖母叹了气回答："是啊！这个畜生，你外祖父不许他打她，他就常常在夜里偷着打。这个浑小子，像一条疯狗似的。不过，你舅妈也太善良了，软得像面片似的。"

外祖母继续说："现在他不像从前打得那样厉害了，只是照着牙齿、耳朵给她几下，揪一会儿辫子，就完了。从前，你舅舅一折磨起她就是几小时！"

高尔基感到不可思议，他又问："可是，难道舅舅不知道舅妈要生小弟弟了吗？你看舅妈的肚子那么大啊！"

外祖母听了外孙的话，感到好笑，她回答说："所以我说他现在打得要轻些了啊！换了从前，那才是真要命呢！"

高尔基不知道该说什么好了，外祖母却颇有兴致地说了起来："你外祖父也有这种恶习，有一次他打我，从复活节的第一天午祷时开始，一直到晚上都没停手。这个死老头子，抓起什么都打，什么木板、绳子的，都用上了。"

高尔基眼睛睁得大大的，他有些不敢相信地问："他为什么打你？"

外祖母嘟哝道："鬼知道呢！有一回，他打得我差点死掉，一连 5 天没吃没喝，唉！我这条老命都是捡来的哟！"

这使高尔基惊讶不已，因为他看到姥姥的体积几乎是姥爷的两倍，她难道真的打不过他？他随口便问："难道是他的力气比你大？"

外祖母哈哈一笑说："那到不是。"想了想，她又说："只是他的岁数比我大，又是我的丈夫！这是上帝的安排，叫他来管束我的，所以我只能忍气吞声啦！哎！你知道，上帝的旨意是不能违背的啊！"

一天夜里，外祖父的染坊失火了，明晃晃跳动着的火苗令人目眩。这时外祖母的行动把高尔基吓坏了，只见她头顶着空口袋，身上裹着马被，冲进火里去抢那快要爆炸的硫酸盐。

抢出这件危险品后，她又打开大门，向那些跑进来的人们边鞠躬，边说道："各位好心的邻居，快帮一下忙吧！火就要烧到仓库，烧到干草棚了，求求你们了！如果我家烧光了，你们也都免不了要遭殃。好心的人们，求求你们了，看在上帝的份上，过来帮一下忙吧！"

外祖母在院子里东奔西跑，哪儿有事就到哪儿，所有的人都听她指挥。她眼观六路，耳听八方，火光使马棚里的马受到惊吓，外祖母抢先上前去，奔到直立起来的马的前腿下面，张开两手挡着它。马悲哀地长鸣一声，斜视着火焰，顺从地向她凑近来了。

大火过后，怀孕的大舅妈娜塔莉娅受到惊吓，难产而死。高尔基的另一位朋友葛利高里被大火熏瞎了眼睛，被外祖父赶出家门，沦为乞丐。

经过一场大火，外祖父家里的两个儿子矛盾更加尖锐。这一年春天，外祖父只好让两个舅舅分家了。小舅舅雅科夫留在城里的染坊中继续从事染坊业，大舅舅米哈伊洛搬到了河对岸去生活。高尔基的外祖父在田野街买了一所既宽敞又漂亮的新房，楼的底层是石砌的，开着一家酒馆，二层是一间舒适的小阁楼，楼房的后面有一个花园；花园下去是一条山沟，那里长满了光秃秃的柳树枝。

外祖父和外祖母，以及小外孙高尔基住在顶楼上，外祖父在楼上留了一间大房供自住并兼作接待客人的房子，其余的房间全都租了出去。

在家学习识字

小高尔基6岁的时候，外祖父开始教他识字。

这天晚上，外祖父不知从什么地方找来一本薄薄的小书，一边用书在他的头上啪啪地敲着，一边兴奋地对他说："喂！捣蛋鬼，来，过来，你快点过来。你这个高颧骨的调皮鬼，快坐下。你瞧这个字，这第一个字母念'阿兹'，第二个字母念'布基'，第三个念'韦季'，知道了吗？"

小高尔基跟着外祖父念道："阿兹，布基，韦季。"

外祖父抓起小外孙的手说："嗯！看这里，你要用手指指着念，不然，你能分得清吗？"

于是，小高尔基就一个字母一个字母指着，念道："阿兹，布基，韦季。"

看到小外孙这样认真，外祖父很高兴，他自言自语地说："他那死去的舅妈娜塔莉娅总说这小家伙记性不好，这话可不对。你瞧，他的记性可比我当年好多了。"

在俄国，学习都要从学习字母的读音开始，而学会了字母的读音并不意味着就会拼单词。

高尔基的外祖父当时还没能掌握拼音学习法。拼音学习法是俄国教育家乌申斯基在1864年才发明的。由于当时俄国还正在进行农奴制改革，一切都还很落后，文化工作更是滞后，所以像高尔基外祖父那样居于社会底层的小人物，很难接触到先进的文化信息，更不要说去学习和掌握了。

很多年以后，长大后的高尔基终于接触到了拼音法，想想自己当时学习的困难劲儿，他不禁感叹道：“无论在哪些方面，科学总是在减轻人们的劳动，节省人们的精力，使人们不至于无谓地浪费。”

小高尔基用了3天的时间记住了所有的字母，接着就开始学习单词。但学习俄文单词是一件相当困难的事。为了读出“窗户”这么个单词，按照当时的读法就得念出一长串毫无意义的音名。

多音节的单词就更麻烦了。那些毫无意义的音节所造成的混乱，让小小年纪的高尔基立即对学习产生了厌倦的情绪。此时，他的反应慢了，思路也跟不上了，理解力甚至变得非常迟钝。他不知所云地瞎念了一通之后，便不禁哈哈大笑了起来。外祖父见他那个样子，就气急败坏地用树枝打他的屁股。

这种滑稽而痛苦的学习持续了大约一个月左右，当外祖父要他朗读用教会斯拉夫文书写的《圣诗集》时，简直就无法忍受了。外祖父分不清斯拉夫文体和民间文体每个字母之间的异同点，他虽然能读，却不知道为什么要这么读。

由于外祖父无法解释清楚两种文体之间的关系，小高尔基就更糊涂了。每当他念错的时候，性情急躁的外祖父就过来扯他的耳朵，并骂道：“啊，你到底有没有在听，有没有在听我说？”

这种痛苦的学习持续了大约4个月，年幼的高尔基终于学会了俄国“民间字母”和“教会斯拉夫字母”两种相近的读法，搞清楚了两种读法的异同点。但由于他总是不断地挨揍，对读书和书籍产生了一种很强的抵触情绪。

不过，由于高尔基认字认得很快，外祖父对他越来越喜欢，后来也很少打他了。所以，年幼的高尔基有时又觉得读书是一件挺不错的事情。

后来，高尔基的母亲回来了。过了不久，母亲开始积极地教高尔基世俗的识字课本。因为高尔基开始学的是斯拉夫的教会文，所以不认识“世俗体”的文字。她买了几本书，从其中的一本《国语》小学教科书里教高尔基识字。

高尔基费了几天工夫，就学会了读世俗体文学的本领。可是，母亲马上让他学背诗，这使高尔基又烦恼起来。

不久，母亲开始让高尔基背更多的诗，高尔基不堪重负，记忆力越来越坏。他常常想把那些诗行另换一个说法，使它变样，并配上其他字眼，这个愿望越来越强烈。

一次，母亲让高尔基背这样一首诗：

道路啊！平直宽广，
上帝的旷野上，你自由翱翔。
不用开辟，无须整饬，
马蹄踩在你柔和的躯体上，尘土飞扬。

高尔基总是把“旷野”念成“普通”，把“开辟”念成“砍平”，把“马蹄”念成“马帝”。

母亲一次一次地在旁边提醒他说：“喂！你动脑子想一想，为什么要念成‘普通’？你这个小东西，你应当念作‘旷野’，记住了吗？”

虽然小高尔基知道该怎么念，可是从他嘴里发出的词语却总是会走了样。于是，在同这种书面诗歌作品的“斗争”中，产生了高尔基最早的口头创作。

小高尔基渐渐发现，母亲待在外祖父家越来越愁眉不展，她用陌生的眼光看待周围的人和事。高尔基看到而且感受到母亲在外祖父家生活是多么地难，这让高尔基很难受。

有一天晚上，喝过茶后，高尔基和外祖父坐在厨房念诗，忽然雅科夫舅舅闯了进来，说米哈伊洛舅舅在他家喝醉了，打碎了碗碟和窗户，把一块染好的毛料撕得一块一块的，现在他正往这边来，要杀死外祖父。

米哈伊洛舅舅由于看见父亲将染坊交给了弟弟而没有分给自己，心里很不高兴，所以经常来田野街的房子找茬。有很多次，他都被外祖父请来的打手们拖出门外。

此后，米哈伊洛舅舅几乎每天都到外祖父家捣乱。对于儿子的行为，外祖父本想请警察将米哈伊洛抓起来，可外祖母却总是心痛地认为，那是自己的孩子。

每当这个时候，外祖父就骂着自己的老婆说："瞧瞧吧！瞧瞧吧！这帮畜生都是被你惯坏的。"

外祖父在田野街那所房子里住了不到一年的光景，人们都知道了他的家庭矛盾。几乎每星期都有一群小孩跑到大门口，他们满街欢呼着："快来看啊！卡希林家又打架了，卡希林家又打架了！"

这种情形持续了一段时间，外祖父把田野街的那所房子卖掉了。这时的高尔基渐渐从外祖母嘴里得知，原来米哈伊洛舅舅天天来闹，有一部分原因是想来谋得他母亲应得的那份嫁妆的。高尔基这会儿才明白，外祖父虽然很凶，但对自己的女儿却还是很慈爱的。

外祖父把卖房子得到的钱一部分为高尔基的母亲准备嫁妆，一部分又在缆索街重新买了一幢房子。

缆索街上没有铺石子，长着杂草，但很清洁、安静，它穿过两排漆成各种颜色的小屋，一直通到田野。

高尔基觉得，这所新房比从前那所更漂亮，更令人喜欢。它的正面的墙涂着深红色油漆，让人有一种温暖而宁静的感觉；三个窗户上都装着浅蓝色的护栏板，阁楼上的窗户装的是筛状护栏板，它们在明亮的阳光下显得非常耀眼；靠左边的房顶遮掩着榆树和菩提树的浓荫，十分美丽。

院子里和花园里有许多僻静的角落，特别舒适，好像是专门为孩子们捉迷藏设计的。花园尤其美观好看，虽然没有外祖父在田野街的花园大，但草木葳蕤，错落有致，使人感到愉快。

外祖父仍然把多余的房子租给各种房客。在这些房客中，一个绰号叫做“好事情”的科学家很快成为了高尔基的朋友。

“好事情”是个有点儿驼背，瘦瘦的，面色白净，留着两撮黑黑胡子的年轻人。他住在外祖父后院的厨房隔壁。

这间屋子很长，有两个窗户，一个朝着花园，一个向着院子。

“好事情”很少说话，一般不被人注意，只是每次叫他吃饭或者喝茶的时候，他总是回答说：“这是好事情！”

于是，无论是背地里还是当他的面，外祖母都亲切地称他“好事情”。

有一次，外祖母带着高尔基去广场挑水，看见五个小市民打一个乡下人。外祖母扔掉水桶，挥着扁担向打架的人跑去，高尔基也拾起石头往小市民身上扔。

外祖母勇敢地用扁担戳小市民，敲他们的肩膀和脑袋。小市民们逃跑了。外祖母给那个被打伤的乡下人洗伤口，当高尔基把这件事告诉“好事情”的时候，他停下了工作，站在高尔基面前，非常激动地说：“这可是个好事情，应当把它记下来。”

高尔基在外祖母那里学会了很多童话故事，他常常讲给房客的孩子们听。“好事情”听说此事后，就鼓励高尔基把这些童话故事写下来，但高尔基为难地说：“妈妈和外祖父只教给我认字，可我从来也没有写过啊！”

“好事情”就自告奋勇地想要教高尔基学写字，可因为他和其他的房客很少来往，外祖父觉得他是一个怪人，担心他会教坏小高尔基，就把他赶走了。

和继父的斗争

一天，一个一只眼睛的钟表匠走进了外祖父的家，高尔基躲在一边发现，原来此人是来向外祖父提亲的。

钟表匠对高尔基的外祖父卡希林先生说："啊！尊敬的先生，请您把瓦尔瓦拉嫁给我吧！我会对她好，并且永远爱她和她的孩子。"

卡希林先生微笑着点点说："嗯!，好的，我一直在考虑瓦尔瓦拉的问题呢。如果你不嫌弃她是寡妇，还带个孩子的话，我们是非常赞成这门亲事的。"

钟表匠虔诚地回答说："瞧您说的，只怕是瓦尔瓦拉小姐看不上我呢!"

卡希林先生接着说："那倒不是，她也是个普通的女人嘛，不可能在娘家待一辈子。何况，听说你为人诚实可靠，又是钟表行的好把式，我们还巴不得呢。"

他们正在客厅里讨论着，高尔基的母亲瓦尔瓦拉从卧室冲了出来，平静地对他们说："说什么呢？爸爸，这是不可能的。"

卡希林先生坚决地说："不行？我告诉你，这事不是你说了算的。"

之后，瓦尔瓦拉到房客家里去了。外祖父看到女儿走了，就拿外祖母撒气，他冷不防地跳进厨房，跑到外祖母的跟前，照着她的头就打了一下：

"你这个老混蛋，都是你把她叫来跟我作对的。"

外祖母整整被打歪了帽子，回敬他说："你所有的主意，凡是我知道的，我都要告诉她。"

外祖父向她扑过去，拳头像雨点似的落在外祖母的头上。后来高尔基把外祖母沉甸甸的头发分开一看，发夹上的一根根发针深深地扎进她的头皮里，高尔基拔出一根，又找到另一根，但他实在不忍心继续拔下去了。

外祖母只好自己用她那灵巧的手指，在又黑又厚的头发里自己摸索。高尔基见她看不见，就再次鼓起勇气又从她的皮肉底下拔出另外一根戳弯了的粗发针。

高尔基第一次亲眼看见外祖父这样可恶又可怕地打外祖母，屈辱在高尔基心中火烧似地翻滚沸腾，他恨自己想不出适当的方法报仇。

两天以后，高尔基找到了机会，他趁外祖父没注意，把外祖父最喜爱的 12 张圣像图拿走了。他从外祖母的桌子上拿起剪子，爬到吊床上，就动手剪圣人的头，但高尔基还没来得及剪掉第二张的时候，就被外祖父发现了。

卡希林先生凶恶地盯着小外孙说："你这是在干什么？"

高尔基吓得立即从吊床上翻了下来，幸好外祖母把他及时接住。

卡希林先生的鼻子都要被气歪了，他大口大口地喘着粗气，胡子不停地抖动着。他使劲地把那些纸片吹落在地板上，然后挥起拳头一边向高尔基和外祖母揍过来，一边歇斯底里地喊道："看我不揍死你！"

高尔基的母亲闻讯赶来，她以自己的身体挡在儿子的身前，一边用力地捉住卡希林先生舞动着的拳头，一边大声地叫着："不许你打我的儿子。你这个大人怎么跟小孩子一般见识。"

高尔基满 7 岁的时候，母亲把他送进了初级学校。他在那里学了 5 个月，可是他讨厌学校的规矩，也没有交到要好的同学。不久，他又在学校里染上了天花，所以只好中止了学习。

这之后，高尔基的母亲瓦尔瓦拉嫁给了一个名叫伊戈尔·马克西莫夫的贵族大学生。虽然瓦尔瓦拉这次的婚姻她的父亲仍然不同意，但他还是把那份嫁妆送给了女儿。

瓦尔瓦拉结婚后，就随着丈夫去了莫斯科，而小高尔基仍然同外祖母他们生活在一起。

谁料到高尔基的继父是一个徒有其表、没有真才实学的人，他一天到晚无所事事，只知酗酒赌博。没过多久，没有工作的继父就把自己的钱和瓦尔瓦拉的嫁妆全部输光。没有生活来源的两个人不得不回到下诺夫戈罗德城度日。高尔基也搬去同他们住在一起。

改嫁后的母亲，变成了一个唯唯诺诺、逆来顺受的家庭妇女。高尔基看到母亲的这种变化，心中非常难过。继父自恃出身高贵，在家里飞扬跋扈，动不动就训斥骂人，甚至嘲笑怀有身孕的母亲体态像个大水牛。继父每逢醉酒后就会对母亲拳打脚踢，有时还用鞭子抽。听见母亲的哭泣，小高尔基总会在隔壁的房间里握紧双拳，愤怒异常。他恨自己年纪人小、身单力薄，没有能力保护妈妈。

一天，高尔基听见继父在打母亲，就跑进屋子，他看见母亲跪着，背脊和肘弯靠着椅子，挺着胸，抑着头，口里发出“呼呼哧哧”的声音，眼睛闪着可怕的光。而继父则打扮得干干净净的，穿着新制服，用他那长长的腿踢高尔基母亲的胸脯。

高尔基再也受不了啦！他飞快从一旁的桌上操起一把面包刀，不顾一切地向继父刺去。继父没有料到小高尔基会有如此举动，一下愣住了，抬起的脚停在了半空中。

母亲见此情景立即起来把继父推开。这时高尔基手中的刀已经刺破了继父的衣襟，被惊吓的继父大叫了一声，踉踉跄跄地逃出门外。不久以后，瓦尔瓦拉再也忍受不了丈夫的无故打骂，终于放弃了这段婚姻，回到了娘家。

正式走进课堂

又一年过去了，高尔基已经8岁了，回到娘家的瓦尔瓦拉把儿子送进了库纳文诺初级学校读书。这是一所城市贫民学校，高尔基上学第一天就对这里感到厌恶和反感。

由于贫穷，高尔基入学那天，脚上穿的是母亲的旧皮鞋，大衣是外祖母的上衣改成的，下面穿着黄衫衣和松腿的裤子。

这种奇特的打扮顿时引起了同学们嘲笑，由于高尔基穿一件黄衬衫，他们就给他起了个绰号叫“苦役犯”。

这些高尔基都能忍受，他很快便与同学们打成了一片，只是他的班主任和神甫却不怎么喜欢他。

高尔基坐在教室的第一排，班主任总喜欢注意高尔基的一举一动，他总是揶揄这个学生，使其难堪。高尔基常常听到他用难听的声音反反复复地说：“彼什科夫，你应该换一件衬衫！彼什科夫，你的脚不要动来动去！彼什科夫，从你的皮鞋里又流出一汪水了！”

对于班主任的这种态度，高尔基想出了一个方法来报复他。一天，高尔基在垃圾里捡了半个西瓜皮，用绳子把它穿牢，吊在黑乎乎的教室门洞的滑轮上。当门打开时，西瓜皮就升上去，而门关上时，西瓜皮就像帽子一样地扣在了班主任的头上。事情的结果是，学校的门卫带着班主任的字条把高尔基带回了家。为了这场恶作剧，高尔基被母亲狠狠地揍了一顿。

高尔基的神学老师是个神甫，长得英俊漂亮，有一头浓黑而富有动感的头发。他的相貌有点像耶稣，优雅端正的脸孔上有一对如女人般柔情似水的眼睛。他的那双小手也纤细中透出温柔味，无论拿什么东西，都令人赏心悦目。每当他拿书、尺子或羽毛笔时，动作既谨慎又优雅，宛如这些东西是具有悟性的脆弱的生灵似的，他生怕它们由于自己的鲁莽动作而受到伤害。

但神学老师的这种怜悯之心却并没有转移到人的身上，他对待学生可没有这样温和。他不喜欢高尔基的原因是这个学生没有上课必需的课本《新旧约使徒行传》，还因为高尔基总是学他的口头语。每当上神学课时，神甫走进教室的第一句话就是："彼什科夫，今天带书来了吗？嗯！书带来了吗？"

高尔基马上起身故作恭敬地回答："哦！没有，没带来。嗯！书我忘带了。"

神甫提高了嗓门问道："什么？你说什么，嗯？"

高尔基大声地回答："我说我真的没有带来！"

神甫生气地说："嗯！那你就回家去吧！对，没错，回家去，因为我不想教你。是的，不想教你。"

神甫的这些话并没有使高尔基感到难过，他走出教室，溜出学校，来到小镇上，在泥泞肮脏的街道上，百无聊赖地闲逛着，直至学校放学。

以后，高尔基仍然不带书去，因为他没有钱买书，也不喜欢上神学课，况且因为不带书，还可以到街上去闲逛。

尽管高尔基的功课还不错，但当神甫看到高尔基丝毫没有悔改的迹象，终于发怒了。不久，高尔基得到学校的通知，由于他的所作所为，他将被开除。

高尔基开始担心了，因为如果他被学校开除，就一定会伤母亲的心，他当然不希望那样。

幸运的是，赫利桑弗主教来到了学校，帮了高尔基一个大忙。

这位主教个子不高，头戴一顶普通的高筒帽子，身穿一件宽大的黑色的袍子，样子有点像巫师。这天，他走进高尔基所在的班级，坐在讲台后面，撩开宽肥的衣袖，露出两只手来说道："来，孩子们，让我们来谈谈吧！"

主教柔和亲切的声音，使得教室里的气氛立刻变得温暖而愉快。他挨个询问了很多同学以后，把高尔基叫到讲台跟前，和善地问道："小弟弟，你今年多大了？哦！还很小呢！不过，你的个子倒是不低呀！如果这样的话，你是不是常常被雨水浇啊？"

主教几句话就把高尔基逗乐了，他很愿意和这位穿黑色袍子的人说话。

主教又问高尔基："那么，你可不可以给我讲一讲，你最喜欢《新旧约使徒行传》中的哪一个故事呢？"

高尔基难为情地告诉主教自己没有书，根本就没有学过《新旧约使徒行传》。

主教伸手扶了扶自己的高筒帽子，神情严肃地问道："这是怎么回事？要知道，这是必须要学习的！不过你虽没学过，也许你会听别人讲过吧？那么，你会念圣诗吗？"

高尔基低下头小声地回答："会念一点。"

主教高兴地拍了一下手，说："这太好了！看来你是个什么都知道的人呢！"

主教要高尔基背诵圣诗，高尔基很轻易地就背了很多首。

高尔基感觉到主教是一个平易近人、喜欢了解别人内心世界的人，他非常愿意和主教聊天。

而主教呢，也为高尔基能够背诵这么多的诗而大吃一惊。后来，主教问道："你以前学过《颂诗》？是谁教你的，慈爱的外祖父，还是冷酷的外祖父？哦！是这样的，你是不是老是调皮捣蛋的？"

高尔基犹豫了一下，坦白地说："是的。"

站在旁边的老师和神甫点头表示他说的是实话。

主教叹了口气说道："你到底为什么要淘气呢？"

高尔基老实地说："因为，我觉得读书一点意思也没有！"

主教对高尔基的话有些奇怪，他惊讶地把嘴巴张得大大地说："没意思？小兄弟，这可有点不对头。如果你觉得学习没意思的话，一般来说就应该是你学得不好，可是现在，你的老师们都说你学得不错啊！这就是说，你一定还有其他别的原因。"

说着，主教拿出一个记事本，在上面写了几行字，边写边念："阿列克赛·马克西莫维奇·彼什科夫。好，我记下来了！孩子，你要明白，人要学会克制自己，不要太淘气贪玩了。小孩子闹点恶作剧没什么要紧的，可是做得太过分了，把它们作为一种乐趣就会讨人嫌。"

接着，主教对讲台下的其他孩子们说道："孩子们，你们同意我刚才说的话吗？"

教室里响起了大家异口同声的回答："同意！"

"那么，你们其他人是不是都不爱捣乱呢？"主教问大家。

同学们大笑着说："不，主教大人，有爱捣乱的，也有不爱捣乱的。"

主教往椅背上一靠，把高尔基顺手搂进自己的怀里，然后对高尔基开起了玩笑说："这有什么大不了的，小兄弟们，在你们这个年纪，我也是个远近闻名的淘气包！你们倒说说这是为什么呢，我的孩子们。"

最后，主教站了起来，向台下的孩子们挥了挥手，说道："淘气鬼们，跟你们在一起的时间我很开心。唉！不过，我还有很多事要做，不能陪你们了。我该走了。"

说完，他抬起手来把又宽又肥的袖子捋到肩上，晃动着胳膊在空中画了个大大的十字，为大家祈福道："以圣父、圣子及圣灵之名，祝你们有一个美好的未来！再见。"

同学们也齐声吆喝起来："再见，大主教！希望再见到您！"

教主点点头，说道："我会来的，会来的！下次我一定给你们带些书来。"

教主走出了教室，临出门时对教师说："给他们放学吧！"

主教拉着高尔基的手走出门廊，弯下身，在他耳边悄悄地说："那么，你要答应我，孩子，你要试着收敛收敛你的淘气，好吗？要知道，我清楚你为什么爱调皮捣蛋，我非常理解你。好了，再见吧，小兄弟！"

高尔基心情非常激动，从未有过的一种被关爱、被期望、被器重、被珍惜的感觉在他的胸中膨胀。他认真而又仔细地回忆着主教说的每一句话。

送走了主教大人之后，班主任把别的同学打发回了家，让高尔基单独留下来。班主任对高尔基说："彼什科夫，听见了吗，从今以后要克制自己的行为，好吗？"

高尔基态度恭敬地向班主任点点头。

神甫也走到高尔基的面前，蹲下来，态度和蔼地说："彼什科夫，从今天起你要来听我上课。嗯！你一定要来，老实地坐着就行了。至于书嘛，你没有的话，就可以不用带了。"

这个天大的恩赐对高尔基来说，真是太令他高兴了。更令他高兴的是，学校再也不提开除他的事了。

母亲患病去世

高尔基10岁时，他的外祖父为了赚更多的钱，就把缆索街的房子再次卖掉了，他们一家人重新搬到了库纳维诺镇，在别斯恰纳亚街的一幢两层楼房里租了一个小屋。

接着，外祖父把所有的钱都借给了一个犹太商人做生意，结果那个犹太人破产了，外祖父也就破产了。

外祖父破产以后，变得非常吝啬，他让外祖母分开去过，甚至连茶叶也要一片一片地平分。外祖母只好靠给人织花边来维持生活。这时候，高尔基的母亲又为他生下了个小弟弟，家里的生活变得更加困难了。为了增加收入，从那一天起，高尔基也开始挣钱了。

每逢星期天一大早，高尔基就背着口袋走遍各家的院子，走遍大街小巷去捡牛骨、破布、碎纸和钉子。然后，他把它们卖给旧货商换些钱交给外祖母。

有时，高尔基放学后也去捡这些玩意儿，到了周六时再一起卖出去。如果运气不错的话，他还能够卖不少钱呢！

除了捡破烂，高尔基还和新认识的一些流浪孩子们到奥卡河河岸上的木材堆放栈或彼斯基岛捡木材来卖。

在天气暖和的季节里，奥卡河河岸以及彼斯基岛上有很兴隆的集市，当这些集市关闭后，各种木料帐篷被拆除堆成捆，码在河岸或者岛上。

高尔基和伙伴们就去那里弄些木料来卖。后来，此事被外祖母知道后，她教育高尔基说："我的孩子，这些在集市上卖东西的人也不富裕，你去拿人家的木料，人家怎么办呢？说得不好听些，你的这种行为不是拿，而是偷啊！我的孩子，我们再怎么贫穷，再怎么不能过日子，但不能去做贼。不然，我们的良心怎么过意得去，而且上帝也会惩罚我们的。”

高尔基觉得外祖母的话很有道理，此后，他便一心一意地只捡垃圾，而不去偷木材了。

不过，捡垃圾的事，为高尔基在学校的生活造成了麻烦，他受到同学们的嘲笑，他们叫他捡破烂儿的、要饭的。有一次，高尔基和他们争吵起来。

吵过架后，同学们告诉老师，说他身上散发着一股泔水桶或者垃圾坑的味道，他们不能坐在高尔基身旁。

这个控告深深地侮辱了高尔基。因此每天早晨高尔基总是非常细心地把身上洗干净，从未穿过在捡破烂时穿的衣服到学校去。

后来，高尔基终于读完了三年级。由于他学习成绩好，还得到了学校的奖励，奖品是《福音书》一本、精装的《克雷洛夫寓言诗》和一本叫《法达·莫尔加那》的平装书，以及一张奖状。

高尔基带着这些奖品回家，他的外祖父高兴得不知所措，激动得连连说好，并一定要把这些东西妥善保存起来。他甚至提出可以把书锁在他的箱子里由他替外孙子保存。

可是，高尔基的外祖母已经病了好几天了，手头的钱也被花得差不多了，外祖父也分了一部分钱给外祖母，但还是不够用。

高尔基拿着自己的奖品，他虽然很喜欢这些书，但最后还是把它们拿到小铺子里卖了55个戈比，把钱交给外祖母用来看病。

高尔基又在奖状上恶作剧地横七竖八瞎写了一通，然后再交给外祖父保存。外祖父看也没有看一下就把奖状珍惜地藏了起来。后来这张奖状被保存下来了，这就是流传到我们这个时代的高尔基亲手写的第一件东西。

学校的生活算是告了一个段落，高尔基又重新走上街头，加入到捡破烂的行列中。

但这样的生活高尔基并没有维持多久，因为他的母亲生病了，并且一天天地严重起来，而他的弟弟也已经断奶，需要人照顾，高尔基从此就担当起照看弟弟的任务。

为了挣钱养家，外祖母去城里一家富商家里绣棺罩去了，剩下高尔基母子三人和外祖父待在家中。

高尔基的母亲患的是严重的肺结核病，这在当时的俄国是没有办法医治的。这年夏末，母亲吐血而亡。

在高尔基母亲下葬那天，他的舅舅和表哥、表姐们都来了。

看到高尔基难过的样子，亲人们都想让高尔基高兴一点。

大表哥萨沙对高尔基说："唉！人生一辈子就是这样，不管是穷人还是富人，都逃不过一死。我亲爱的小表弟啊，你一定要节哀。"

萨沙想尽办法来逗小表弟笑，他做出各种鬼脸，但高尔基仍然很伤心。

大家见高尔基没有什么反应，小舅舅雅科夫在一边严肃地说："醒一醒吧！年轻人，人都有一死，这算得了什么，小鸟不是也要死吗？"

后来，墓地的看墓人对高尔基说："走，咱们去给你母亲的坟铺上草皮，把你母亲的坟头装饰得漂亮一些，好吗？"

这个提议令高尔基很乐意，大家便干了起来。

高尔基在埋葬了母亲后不久，外祖父就对他说：

"彼什科夫，你听我说，你不是一枚勋章，挂在我的脖子这儿没有你的位置，你去闯闯人间吧！"

于是，从这一天起，11 岁的高尔基只好离开外祖父的家，走进了"人间"，开始了独立谋生。

流浪生涯

书籍一面启示着我的智慧和心灵，一面帮助我在一片烂泥塘里站起来。如果不是书籍的话，我就沉没在这片泥塘里，我就要被愚蠢和下流淹死。

——高尔基

第一份工作

高尔基走进“人间”的第一个职业，是在下诺夫戈罗德城大街上的一家“时兴鞋店”里当学徒。

鞋店老板是一个又矮又胖的男人，他长了一张褐色的脸，皮肤很粗糙，满嘴青绿色的牙齿，眼睛看上去湿漉漉的，还有眼屎。

高尔基怀疑老板是个瞎子，为了证实这一点，他向老板做了一个鬼脸。

老板狠狠地瞪了高尔基一眼，低声严厉地说道：“不要给我耍滑头，我没有瞎。”

这话让高尔基吓了一跳，他觉得老板真是太神奇了，居然一下子就能看出自己的心思。

老板看他在那里发呆，又嘟囔了一句：“不要在心里说我的怪话，我知道你的鬼把戏呢！”

高尔基抬头望着老板，小心地听他训话。

除了老板以外，这家鞋店里还有一个大伙计和高尔基的小表哥萨沙。萨沙此时已经是这家店的大帮手了，他穿着棕色的小礼服，戴着衬胸，扎着领结，散着裤脚，看上去很神气。

高尔基刚来鞋店的时候，外祖父拜托萨沙照看表弟，并让他教小表弟干活。

萨沙不再像几年前一样对谁都唯唯诺诺、事事帮助的样子，而是神气活现地把眉头一皱，警告高尔基说：“那你必须听我的话才行！”

外祖父把手放在高尔基的脖子上，硬是将小外孙的头压得低了下去，说：

“彼什科夫，记住了吗？你得听萨沙的话，他年纪比你大，职位也比你高。”

萨沙立即跟着外祖父说：“听见了吗？彼什科夫，你要记住爷爷的话。”

于是，从第一天起，萨沙就在高尔基面前摆起了老资格。

在这家鞋店，高尔基除了每天站门口，还要干许多杂务。每天早晨，他都要被提前叫醒，刷干净老板一家人及大店员、萨沙的鞋和衣服。接着还要烧茶，给所有的炉子送柴、扫地、打水……年仅 11 岁的高尔基，哪里干过如此多的活，单调、乏味的生活使他很不开心，有时甚至让他气愤。

鞋店老板娘长着一双黑眼睛，她时不时地张大了大鼻子底下的嘴巴，对着高尔基跺脚、训斥，像对待下人一样。终于，高尔基受不了啦，他决定要逃出这家店。

但是，就在高尔基打算逃走的那一天，他不小心把正煮沸的菜汤锅撞翻，滚烫的菜汤扣在他的手上。他被送进了医院。

外祖母来医院看望高尔基，她弯下腰，凑近小外孙面前，亲切地问道：“疼吗？我的孩子，别担心，我会很快带你走的。”

医生来了，给高尔基的烫伤的手换了药，又加上了绷带。

高尔基跟外祖母上了一辆马车，穿过城市的街道，又回到了外祖父的家里。

看到外孙丢掉了好不容易才找到的工作，又带着一身伤回家，外祖父很不高兴地说：“你好啊?！彼什科夫先生，你现在就光荣退休了啦！你真有福气哦！嗯，不错。”

高尔基从外祖父的话里听出了几分讥讽，他感到很委屈，很伤心，一句话也说不出来。

外祖父的屋子一切照旧，只是高尔基母亲原来所住的那个墙角凄凉地空着。外祖父床的上方多了一张条幅，上面用粗大的印刷体写着：

唯有救世主耶稣永垂不朽！

愿你的神圣的名字在我有生之年与我同在！

房间的另一个墙角箱子上放着一只大大的筐子，高尔基的弟弟就躺在里面。

高尔基发现现在的弟弟瘦了很多，脸也非常苍白。弟弟听见有人进来，从筐子里伸出脑袋向高尔基看去，并向着高尔基笑了笑。

弟弟笑得很勉强，他正生着病，看得出他已奄奄一息了。高尔基回到外祖父家里之后，常常尽心地照顾弟弟，但弟弟还是很快地走向了死亡。

这一天早晨，天气很好，高尔基一觉醒来，外祖母便跑到床前对他说："亲爱的，你的弟弟死了。"

弟弟也是得肺病死去的，他吃了妈妈的奶，被母亲的病传染了。

小弟弟死后，过了几天，外祖父对高尔基说："今天晚上你早点睡觉，明天一大早我就叫你起床，然后，咱俩一块到林子里去砍些柴回来拿去卖。"

外祖母在一旁说道："我也要去。"

外祖父奇怪地看她一眼。

外祖母解释说："我可以去挖些野菜来卖。"

在他们所住的村镇不远的地方，有一个沼池，旁边长着一片云杉和白桦树林。树林里到处都是枯枝和枯树，树林的一端延伸到奥卡河边，另一端则一直延伸到通往莫斯科的公路，在公路的那边，树林又延续下去了。

在这片硬撅撅的树林，都是些软质林木的上方，有一片郁郁葱葱的松林黑油油地耸立在那里，人们称它们为"萨韦洛夫岗"。

这里本来是一位伯爵的家业，但由于他们一直没有派人管理，便成了穷人们捡柴伐木的地方。

第二天天刚亮，他们三人就出发了。穿过布满晨露的淡绿的旷野，他们来到了多姿多彩的密林里。高尔基的狗跟在他们的后边，不停地摇着尾巴，外祖父越走越兴奋，他用鼻子深深地吸着新鲜的空气，快活得像个孩子。

开始干活了，高尔基在外祖母的指挥下，挖起了野菜。

外祖母一边指挥着，一边给高尔基讲各种野菜的名字和功能，如车前子可以利尿、蕨菜可以治痢疾、千屈菜可以清热解毒等。

高尔基真佩服外祖母能够知道这么多有趣的事情，他把外祖母讲的一一记在心里。

高尔基和外祖母不停地弯下腰去采摘那些生长在铺满针叶林的地面上的野菜。

外祖父专劈倒下来的树，砍下来后，他把柴放在小路旁。几道金色的阳光照进了林子里，外祖母一面感叹一面祈祷："至高无上的主啊，请您保佑我们吧！"

外祖母越来越使高尔基惊叹，她是一个不同于众人的人，一个善良勤劳的人。

从此，高尔基几乎每天都请求到树林里去。高尔基和外祖父、外祖母一起愉快地度过了整整一个夏天，一直到了深秋。

他们把采来的东西卖掉，用得来的钱维持生活。经过了这一段的生活，高尔基的身体更健壮，性情也变得更坚强了。

学做绘图师

一天，外祖父从城里回来，一进门便对高尔基说："喂！你这个无所事事的家伙，收拾一下，明天去上班吧！我给你找了一份儿工作。"

这一次，高尔基到了他的一位远亲、外祖母的妹妹家里当学徒。外祖母妹妹的儿子是一个专门给楼房绘图的工程师，外祖父让高尔基去当这位工程师的徒弟，以便以后也能够成为工程师。

当高尔基到了那里才知道，这哪里是当学徒啊，简直就是当一个被人使唤的奴才。

高尔基的工作很多，每天他都要擦洗住宅的地板和楼梯，还要擦洗厨房的茶具和其他器皿。此外他得把烧炉子的木柴劈好，搬好；有时还要跟着主妇上市场，到铺子里、药房里买东西。他已经完完全全变成了这个家的杂役了。

高尔基指望自己辛勤的劳动能够感动这一家人，指望绘图师教他一些本领和技术，但心理阴暗的绘图师的老婆总要从中作梗，每当她看到高尔基坐到桌前，不是把饮料泼到绘图纸上，就是把点灯用的煤油倒在草图上。在高尔基看来，这个女人心胸狭隘、阴郁刻薄，简直就同他的外祖父没什么两样。

过了些日子，男主人再也看不下去了，他拿着一卷厚纸，还有直尺、三角板、铅笔等来到厨房，对正在干活的高尔基说："彼什科夫，干完了活儿，到我这里来，画画这个。"他手里拿着一张画着两层楼的正面图。

高尔基非常高兴。面对工具和纸，高尔基显得有些不知所措，绘图师耐心地教他画水平线和垂线等，他开始画了起来。

高尔基的图总算画完了，这张图上的建筑就像个不可救药的怪物：窗户歪到了一边，有一扇悬在了半空，门廊和两层楼一样高，天窗开到了烟囱上。

绘图师看了扬了扬眉，打趣地说："天下雨了，是不是？为什么你画的一切都是斜的呢？嗯！不过，不要紧，我刚开始画的时候，也不过如此。"

绘图师的态度很和蔼，他拿起笔在高尔基歪歪斜斜的图上画上了应当修改的记号，又给了高尔基几张纸，用和蔼的语调说："重新画吧！一直到你画好为止。"

在他不断地练习之后，终于，高尔基画好了一张像原样的楼房正面图。

绘图师很高兴，对高尔基说："彼什科夫，你真是个天才啊！照这样下去，用不了多久你就可以当我的助手了。"

接下来，绘图师又教高尔基画房屋的平面图，可这却引起了老主妇、那个外祖母妹妹的不满。一场风波过后，高尔基的绘图生涯就此终止了，高尔基依旧继续做他的杂役。

在这段日子里，高尔基唯一感到快乐的事就是陪同绘图师的全家去教堂做弥撒。

教堂里青烟飘荡，烛光摇曳，镀金圣像闪闪发光，所有的妇女都像天使般置身其中。在唱诗班天籁般的和声中，高尔基感到自己仿佛远离了庸俗堕落的尘世，就如同和外祖母一起在森林里采集野菜，到田野里捡拾蘑菇那样轻松自在。他那颗经受了太多羞辱的童心这时充满了古老而美好的幻想。

在这种气氛中，高尔基油然生出创作的灵感，自己胡乱地编写了一些祈祷词念给自己听。他尽量将这些句子编得既顺口又押韵。比如有这样几句：

老天哪！别再让我忍耐，
赶快赶快，让我变成一个大人！
要不然，真是太难受，
这样活着还不如上吊。
啊！上帝，请你饶恕吧！
学是啥也学不到，
那个鬼老婆子马特廖娜，
像狼一样地对我咆哮，
再活下去也没有意思了！

高尔基祈祷词中的马特廖娜就是他外祖母妹妹的名字。他没来这里之前想，这位老太太应该像自己的外祖母一样的慈爱，却没有想到她处处和高尔基作对，让他不能学到手艺，高尔基真是失望透了。

有时候，高尔基乘女主人做弥撒的时候，溜到大街上去闲逛，透过一扇扇明亮的窗户，观察人们是在怎样生活：窗户里有人在祈祷，有人在打牌，有人神情忧郁地在谈话……这一扇扇的窗户组成了一个众生百态的万花筒，令他目不暇接。

高尔基在绘图师家里忙了整整一个冬天，他越来越觉得不能再待下去了，他天天都在盘算逃走的事。但俄罗斯的冬天异常的寒冷，他只能在绘图师的家中度过最后的寒冬。当冰雪融化，春天来临之际，高尔基终于制订了他的逃跑计划。

这天早晨，高尔基到小店里去为绘图师一家买喝早茶用的面包，他像从地窖里钻出的老鼠一样快活，他决定再也不回到绘图师那里去了。

养成读书习惯

明媚的春天，阳光暖融融地照在伏尔加河上，河水涨得很高，大地上一派喧闹景象，显得无比辽阔。

高尔基在堤岸上流浪，因为害怕外祖父的打骂，他不敢回家，也不去看望外祖母。这些天他一直露宿在伏尔加河岸的斜坡上。

河岸上同时还住着一些以装卸货物为生、出卖体力的码头工人。这些工人把吃剩下的食物送给身无分文的高尔基。

三天后，一个装卸工人好心地对高尔基说：“小伙子，你整天在码头上闲逛也不算什么事呀！‘善良号’轮船上正缺一个洗碗工，你可以去试试。”

为了糊口，也为了找一个能够遮风避雨睡觉的地方，高尔基去了“善良号”轮船。

餐厅主管是个大高个儿，带着眼镜，留着大胡子，头戴一顶黑绸无舌帽。他从镜片后面瞪着一双混沌的眼睛，对高尔基小声地说：“每个月两卢布，需要身份证。”

高尔基没有身份证，只好跑去找外祖母想办法。

外祖母很赞成外孙的行动，便说服外祖父，到劳动局为高尔基领了居民证，并亲自送外孙到轮船上。

餐厅主管把高尔基带到船尾，把他推到一位高大的厨师面前说：“这是新来的洗碗工。”

厨师从鼻孔里哼了一声，扬起一头黑色短发的大脑袋，瞪着一双深色的眼睛，声音洪亮地问道：“你叫什么名字？”

高尔基可能是由于真正饥饿的原因，莫名其妙地回答说：“我饿了。”

忽然，那张凶狠的脸出现了爽快的笑容，他拿来了一个长圆形的面包和一大截腊肠推到高尔基面前说：“吃吧，孩子。”

接着，厨师又给高尔基冲了一杯茶，端到他面前。高尔基从来没有受过这样的款待，他激动得眼睛里闪着泪花。

轮船上的工作十分繁忙，从早上 6 时一直到深夜，高尔基都在不停地洗。厨房紧挨着锅炉房，震耳欲聋的机器声加上令人窒息的油烟味，把他搞得成天昏昏沉沉。

在后甲板上多是三等舱的乘客，多是工人和农民。他们有的坐着，有的站着。总是有人在那里高谈阔论，旁边围满了听众。高尔基也常常凑到跟前去，饶有兴趣地听人们发表各种议论。他们议论的内容五花八门、包罗万象，令高尔基大开眼界。

轮船在伏尔加河上徐徐前行，夜幕降临了，皎洁的月亮挂在空中，轮叶有节奏地拍打着水面，河面上投下了河岸参差斑驳的阴影，远处时而飘来村庄里姑娘的响亮的歌声。

“善良号”是一艘棕红色的旧船，烟囱上系着一条白色的飘带。轮船后面用一根长缆绳拖拉着一艘驳船，驳船甲板上罩着铁丝网，在网的下面，可以影影绰绰地看到一团团黑影簇拥在一起，那是一些被判处流放和苦役的犯人。

有一名看守站在船头，他手里的步枪上的刺刀在月光下闪着寒光。失去自由的犯人们也在欣赏这宁静的月色。

船在河面上不停地走着，从早到晚，轮船上的男女老少，不同的面孔的人都离不开一日三餐。船上的人喝酒、吃饭，搞脏了许多的杯盘、碗碟、刀叉、汤匙。

高尔基的差事就是要把弄脏了的餐具重新擦洗干净。一天之中，在 14 时至 18 时和 22 时至午夜之间，高尔基可以抽空休息一下。

船上有一名叫斯穆雷的厨师很快就跟高尔基熟悉了。他是一名退职的卫队排长，喜欢在空闲的时候让高尔基给他读书。

斯穆雷带高尔基回到自己的舱房，递给高尔基一本皮封面的小书，他在靠近墙壁的一个吊床上躺下，说道："你念吧！"

高尔基翻开书，坐在一个木箱上，用心地念道："挂满星星的恩勃拉库伦，意味着上天的交通畅通无阻，会员们有了这条坦途，能使自己从普罗芳和恶德中解脱。"

斯穆雷燃起卷烟抽起来，他吐了一口烟，抱怨地说："混蛋，他们在写些什么？"

他从高尔基手中抢过书，然后把它塞进床垫下，要求高尔基从他的铁皮黑箱子里重新找一本来读。

高尔基打开斯穆雷的铁皮黑箱子，里面的书可真多，有《奥米尔教言》、《谢里加利勋爵书信集》、《盖尔伐西》、《炮兵生活回忆录》全都是些莫名其妙的书。

那些古怪的词和生疏的名字使高尔基厌恶，可是斯穆雷却说："人与人的区别，在于傻不傻。为了变聪明，就得读正经书。所有的书都要读，这样你才能找到正经的书。读吧！孩子，念不懂就多念几遍。"

高尔基就这样不知不觉地养成了读书的好习惯。后来高尔基称斯穆雷为自己的启蒙老师，他很感激他培养了自己读书的兴趣。

船长的妻子也是个喜欢读书的人，一次，斯穆雷从她那里借了一本俄国讽刺作家果戈理的《塔拉斯·布尔巴》。

这本书描写的是乌克兰人民反抗侵略者的英勇事迹。当高尔基念到塔拉斯向奥斯达普挑战的那一段时，斯穆雷笑起来，他很专心地听着。当念到安德烈叛变时，斯穆雷又骂起来，说："不要脸的东西，为了女人……"

当念到最后奥斯达普临死，喊着"爹，你听见了没有"的时候，斯穆雷又哭了起来，他哭得非常伤心。

斯穆雷从高尔基手中拿过书，认真地看着，眼泪滴在书的封面上。

后来，斯穆雷和高尔基又一起读《艾凡赫》、《汤姆·琼斯》等书籍，高尔基渐渐对读书有了种着迷的感觉。

由于高尔基经常停下手中的活去念书，船上的其他伙计们不久就对高尔基有了怨言。为了把高尔基赶走，他们想了很多办法故意去陷害他。

一次，食具管理员在盛脏水的盆子里放了几只杯子，高尔基把脏水向船外泼去，那几只杯子也一起掉入了水中。餐厅主管知道了这件事，警告他要小心，否则就要解雇他。

接着，又发生了一些对高尔基不利的事：甲板上的跑堂工人几次偷走高尔基桌子上的餐具，然后背着餐厅主管卖给乘客。

一天傍晚，餐厅主管把高尔基叫到他的房间。

餐厅主管见高尔基进来，对斯穆雷说："他来了。"

斯穆雷抬头望了高尔基一眼，喘着粗气大声地问："你是不是把餐具给了跑堂的谢尔盖了？"

高尔基很干脆地回答："没有，应该是他趁我没注意时，自己拿走的。"

餐厅主管悄悄对斯穆雷嘀咕说："他没看到，可是知道。"

沉默了一会儿，斯穆雷又向高尔基问道："谢尔盖有没有给过你钱？"

"没有。"高尔基肯定地回答。

"一次也没有？"斯穆雷追问道。

"一次也没有！"高尔基坚决地说。

斯穆雷转头向餐厅主管说："他说的应该是实话。这个小伙子不会撒谎。"

餐厅主管声调严肃地说："那也一样，是他没有看好餐具。行了，让他走吧！"

轮船回到了下诺夫戈罗德城，食堂老板辞退了高尔基。高尔基领到了 8 个卢布的工钱，这对他是一笔不小的收入。

斯穆雷和高尔基告别的时候，忧虑地说：“以后办事要小心，粗心大意是不行的。”他把双手插在高尔基的腋下，双手举起高尔基，亲吻着，接着又稳稳地把高尔基放在甲板上。

当离船上岸时，斯穆雷又送给高尔基一个坠着五彩玻璃珠的烟袋留作纪念，他最后对高尔基说：“读书吧！这是生活中再好不过的一件事了。”

高尔基依依不舍地离开了岸边，回过头来看着这位高大、孤独的长者。他为自己而懊悔，假如能永远跟他在一起该多好啊！他几乎哭出声来。

这样，12 岁的高尔基又一次失业了。

“善良号”轮船上的经历，使高尔基知道生活中不仅有卑鄙，还有善良；人生不仅只有痛苦，还有幸福。读书本身就是一种幸福，并且是这样一种只要自己愿意，就可以实现和享受到的幸福。而在认识厨师斯穆雷之前，高尔基厌恶一切书籍、一切印刷品、有字迹的纸张，甚至身份证。从“善良号”轮船回来后，高尔基开始自觉地、有意识地去读书了。

渐渐地，令高尔基感兴趣的已不单单只是故事中的情节，还包括写作者描绘事物的手法，以及作者写作的意图。对于书中他所熟悉的事物的夸张描写，高尔基开始用一种将信将疑的态度来对待。

挑起生活重担

高尔基又回到了外祖母的家里。此时的外祖父和外祖母再一次搬回了城里居住。他们又重新回到了没有铺石子、长着杂草的缆索街，只是这一次，外祖父已经没有钱再买一栋楼，而只能住在缆索街后端的一所小房子里。

看见外孙回来，外祖母立刻就去烧茶水，对高尔基关怀备至。外祖父却还是老样子，冷嘲热讽地对他说："瞧瞧，我尊敬的彼什科夫先生又回来啦！你这次挣了好多钱吧？"

高尔基决定以捕捉会唱歌的鸟雀为活计。他想，捕来鸟后，交外祖母去卖，一定可以把生活过得好。

他用自己做洗碗工挣来的钱买了一个网、一个环和几个捕鸟器，做了一些鸟笼。每天天快亮的时候，他就守在山沟灌木丛里，外祖母拿着篮子和口袋，在树林子里走来走去，采一些过了时节的蘑菇、荚果、核桃等。

山沟有土质的侧面露在外面，黑黝黝，很陡峭。它的另一侧坡度却很缓，上面长满枯草和郁郁葱葱的灌木丛，零星地夹杂着黄的、红的、浅红色的落叶。微风吹过，叶子纷纷滑落下来，在山沟里飞舞飘荡着。

在山沟底部，长满牛蒡草的深处，有很多小鸟在那里唧唧喳喳地叫着。一会儿，一群黄雀落在灌木丛里，像一群顽皮的孩子，蹦蹦跳跳，东张西望。太阳升起来了，鸟雀越来越多，叫声也越来越欢快。

外祖母卖掉了高尔基捕获的鸟，挣了 40 个戈比。高尔基以捕鸟为生度过了整个夏天。经历了很多事以后，他又长高了一截儿，人也变得更机灵了。

冬天快要来的时候，树林里已经再也没有鸟可以捕了，外祖父又一次把高尔基领到了绘图师的家里。外祖父对他说："去吧！去锻炼一下，这对你没有什么不好。"

在高尔基看来，绘图师家的生活越发沉闷乏味，与第一次来时所不同的是：他们家又添了两个婴孩，高尔基要做更多的劳役。除了每天在家里洗涤那些婴孩的衣物外，每星期还要有一次把衣服拿到宪兵泉洗涤一番，当然其他的杂活是不能免的。不过在高尔基看来和那些率直快乐的洗衣妇在一起，倒比在绘图师家里快活得多。

此外，高尔基还和绘图师家邻近的军官的勤务兵来往。从勤务兵的口中，高尔基知道了军官们正轮流给痴情的裁缝师傅的娇小的妻子写情书，以此来戏弄她的感情。高尔基决意要把这件事的内幕告诉裁缝师傅的妻子。

一天，高尔基趁裁缝家的厨师出门的机会，偷偷从后面的楼梯进去，溜进了她的房间。高尔基先走进厨房，厨房里一个人也没有，又走进了起居室。裁缝的妻子坐在桌子边，一手端着一只笨重的镀金茶杯，另一手拿一本打开的书。她看见高尔基进去，吓了一跳，立即把书按在胸口上，轻轻地叫喊："哎呀！你是谁呀？想做什么？"

高尔基上气不接下气地说出了军官们对她的阴谋，裁缝妻子被吓得发呆了半天，等她渐渐安定下来后，她微笑着对高尔基说："你真是个奇怪的孩子！"

她邀请高尔基在自己的身旁坐下来，并亲切地问："你上过学吗？你喜欢看书吗？"高尔基与她愉快地交谈起来，并要求向她借书看。裁缝妻子很痛快地答应了，开始借各种书籍给高尔基。

高尔基越来越高涨的读书热情，也给他带来了意想不到的难堪和凌辱。

一个星期六的傍晚，主人一家出外做彻夜祈祷去了，高尔基没有去，躲在阁楼上，用主人家的蜡烛偷偷地看一本从裁缝师傅的妻子那里借来的书。

这天晚上，高尔基读书入了迷，以致大门的门铃响起来时，他都不清楚是谁在按铃，不明白为什么要按铃。

保姆从房间里跳出来，大声地喊："彼什科夫，你没听见门铃响吗？你聋了不成？"

这时，高尔基才恍然大悟，赶紧跑去开门。

绘图师一进门就厉声地问："你睡着啦？"

绘图师的妻子一边爬上楼梯，一边埋怨高尔基害得她着了凉。他们的母亲却对高尔基骂个不停，当她看到那支将要燃完的蜡烛的时候，她高声地叫喊着："你们看，整整一支蜡烛都让他点完了，他会把房子烧光的！"

在吃早餐的时候，主人一家又重新数落高尔基过去犯过的有意或无意的过错，并吓唬他日后不会有好结果。他们吃饱了饭，就疲乏地走散，睡觉去了。

高尔基等主人们睡着后又偷跑到阁楼上借着月光看书，但是月光太暗而书上的字太小了，他根本就看不清楚。

于是，高尔基又爬到主人家的圣像前，借着长明灯的光看起书来。

可是，有一天晚上，绘图师的母亲半夜起床，发现了高尔基的这个秘密，她一把夺过了高尔基的书就要毁掉，高尔基立即给她下跪请求她手下留情。

这之后，高尔基把裁

缝妻子的书藏在了他认识的勤务兵那里，只在偶尔的时候才去看。

但高尔基还是太想看书了，他又担心主人他们毁掉裁缝妻子的书，思来想去，他只好去主人家附近的一家商店借书来看。

高尔基每天都会去商店给主人一家卖早餐面包，他便借此机会向老板租书来看。

当高尔基劈柴的时候，他就躲在柴棚里看书；当晚上别人都睡着了的时候，他就偷偷起床到长明灯下看书。

有时，当高尔基读到一本有意思的书，或者想快点读完它，就会去偷着点燃主人的蜡烛看。

但绘图师的母亲是个守财奴，她把家里的蜡烛头子数得一清二楚，并量好长度，一旦发现短少，她就揪住高尔基痛打一顿。高尔基没办法，只好用铜锅映着月光来看书。

后来，绘图师的母亲发现了高尔基的藏书地点，她不由分说就把高尔基借来的书扔进了火堆。

高尔基为此伤心不已，但这更增强了他读书的强烈渴望。他总是想办法看书，但他总是被绘图师的母亲发现，她无情地抢走他书，并统统毁掉。

不久，高尔基的另一个麻烦就来了，因为被主人母亲撕掉的书全都是他从商店借来的，意味着他将要赔偿这些书的钱。

高尔基欠下店主 47 个戈比，这笔钱对高尔基来说是一笔不小的数目。高尔基每个月的佣金都被主人交给了他的外祖父，他自己本来就没有钱。

没有办法的高尔基想到了偷。

每天早上，高尔基都会给男主人洗衣服，他的裤子口袋里常常会掉出一些钱。有一次，高尔基在主人的口袋里发现了一个 20 戈比的银币，当他把钱交给主人的时候，主人连连夸奖他，并笑眯眯地对自己的老婆说："我就知道彼什科夫是最诚实的孩子。"

现在，当高尔基想去偷主人的钱时，他想到了自己的心灵是多么的肮脏，想起外祖母对他说的不能做小偷的事，他觉得很为难。

高尔基的异常引起了男主人绘图师的注意，他趁别人没有看见的时候，悄悄问高尔基：“喂，彼什科夫，你怎么这么反常啊?！是不是想家啦?”

高尔基坦白地把自己的心事全对绘图师说了，绘图师听后，皱了皱眉头说：“你瞧，这些小书把你给弄成什么样子啦！读书肯定是要给你带来麻烦的。”说完，他送给高尔基50戈比，并严厉地嘱咐着说：“你可要小心，千万别说出来给我妻子和母亲听见，否则的话，又要闹得不可开交了。”

接着，绘图师又亲切地笑着说：“你这小伙子真倔犟，拿你有什么办法呀！可是以后不要再看书。从明年开始起，我会买上一份好报纸，你就有可看的了。”

新年过后，绘图师真的订了一份《莫斯科报》，此后，高尔基就又多了一个给主人一家读报的任务。

不过，这份报纸上的文章实在是太少了，根本就不够高尔基看。后来，他又经历了一件不愉快的事。

那是一个星期天，主人一家去做早弥撒，高尔基在厨房里烧上茶炊，就去收拾房间。主人家的孩子溜进厨房拧下了茶炊上的水龙头，水流光后，茶炊内膛里的木炭开始烧干锅。

高尔基在房间里闻到一股难闻的气味，当他跑到厨房的时候，他看到茶炊已经被烧坏了。恰好在这个时候主人一家又回来了。

主人的母亲看到被烧坏的茶炊，不由分说拿起一块松木劈柴，对准高尔基的脊背就是一顿毒打。

这天傍晚，高尔基的后背就像枕头一样地鼓了起来，原来，他的皮肤里扎进了许许多多松木上的长木刺。

第二天中午，主人不得不把高尔基送进了医院。

一个瘦高的医师检查完高尔基的伤口，从高尔基的背上夹出42根木刺，医师非常气愤地对高尔基说："他们这样毒打人，你可以写状子报官。"

高尔基回到了主人家，他并没有去告官，主人一家对高尔基颇为满意。他们以后对他空闲的时候看书，也不再干扰了。

当高尔基伤好后，他又到裁缝妻子那里去借书。像大仲马、彭桑·杜·特里尔、蒙台潘·沙科涅、加博里奥、埃马尔、巴戈贝的书，他一本接一本地读。

很快，他就弄懂一个道理，在这种写得津津有味、变化多端、错综复杂的书中，虽然国家和城市各不相同，发生的事件各种各样，但讲的都是：好人走恶运，受恶人欺凌，恶人常比善人走运、聪明；可是等到后来，总有一个难以捉摸的东西，战胜了恶人，善人一定得到最后的胜利。

而那些谈及"爱情"的文章，大多令人生厌，男男女女用老得掉牙的套话谈情说爱。这非但不让人觉得好看，反而让他觉得没意思。

高尔基一本接一本地读下去，渐渐地明白了俄罗斯生活与其他国家生活的不同之处。他内心隐隐约约的愤恨情绪渐渐被激发出来，他开始怀疑那些翻卷着书角、污秽不堪的黄色书页里所述内容的真实性。

一次，当他读着法国作家龚古尔的长篇小说《桑加诺兄弟》，沉浸在卖艺弟兄的悲惨故事中时，他的两只手发抖了。当他读到那个不幸的、断了腿的艺人爬上阁楼，而他的弟弟正在那里悄悄地练他们所钟爱的技艺的时候，他放声大哭了。

这以后没多久，他又从裁缝妻子那里借来了英国作家格林伍德的《一个小流浪儿的真实故事》。

高尔基一开始就对这书的书名产生了兴趣，当他打开第一页，他立刻就在心中唤起了狂喜的微笑，并一直含着这样的微笑把全书念完，有些地方还念了两三遍。

看完了这部书，高尔基才知道，原来在外国还有很多贫穷的小孩，他们的生活甚至远远不如自己呢！

格林伍德的这部书使高尔基获得了无穷的力量。很快，他又借到了法国另一作家巴尔扎克的《欧也妮·葛朗台》。

书中的葛朗台老头使高尔基自然地联想到了他的外祖父。虽然高尔基熟悉自己的外祖父那么久了，但他对老人的认识和了解却没有在他读完《欧也妮·葛朗台》之后所认识和了解的那样深刻。书中欧也妮的父亲葛朗台老头子也是一个吝啬、刻薄的人，但是比高尔基的外祖父更愚蠢，也没有外祖父有趣。

经过这样的比较，高尔基终于发现了自己外祖父的可爱一面，不由得有些想念自己虽吝啬但善良的外祖父来。

在龚古尔、格林伍德、巴尔扎克等人的小说里是没有善人，也没有恶人，而有的只是一些最最生动的普通人，是精力充沛得令人惊奇的人。他们是不容怀疑的，他们所说的和所做的，都是照原样说和做的，而不可能是别的样子。高尔基觉得这些故事才是真实的故事，是真正的好书，他对它们爱不释手。

高尔基一直在裁缝妻子那里借了几乎一年的书来看。第二年春天，裁缝师傅的妻子突然不知去向了。过了几天，她的丈夫也走了。

高尔基心里充满忧伤，他多么想能够再见到裁缝师傅娇小的妻子，向她说几句感激的话啊！

借书的故事

裁缝一家还没全部搬走的时候，绘图师家楼下又搬来了一个眼睛乌黑的年轻夫人，她带着一个小女孩和年老的母亲。

母亲是一个白头发的老婆婆，她一天到晚嘴里含着一支琥珀烟嘴抽烟卷。夫人是个很漂亮的美人，她的样子威严、骄傲，常喜欢用低沉而悦耳的音调说话，看人的时候则昂着头稍微把眼睛眯着，好像别人站得很远，不大瞧得清楚似的。她的小女孩也像夫人一样美丽动人，年龄大概四五岁。一名叫邱弗亚耶夫的士兵，在她家干粗活。

这家人搬来的第一天，就引起了高尔基的注意。那位老婆婆，一天到晚总带着沉默的邱弗亚耶夫和一个肥胖的女仆，埋头在家中干家务。而那个小女孩没有奶妈，也不用人看管，整天在台阶上或者对着台阶的柴垛上玩耍。

高尔基很快便和这个美丽的小女孩混熟了，每天傍晚，他都要抽空出来和她一起玩。

高尔基给小女孩讲各种各样的童话故事，小女孩也滔滔不绝地讲关于她们的生活。

一天黄昏，高尔基坐在门廊上等主人一家从奥特科斯散步回来，小姑娘也在一旁玩耍。她的母亲从她身边经过，轻捷地起身下马，然后头往后一昂，对小姑娘说："亲爱的，该回家吃晚饭了！"

小姑娘顺从地跟着她的母亲走了。但晚饭过后，她家的女仆来叫高尔基，说小姑娘不跟高尔基说"再见"，就是不睡觉。

高尔基得意洋洋地走进她家的客厅，小姑娘迎过来，很热情地拉高尔基坐在柔软的沙发上，一边对母亲说："妈妈，他是我的小伙伴，常常给我讲故事呢！”

小姑娘的母亲好奇地问高尔基：“你怎么知道那些故事的，你读过书吗？”她的脸上露出了愉快的笑容。

高尔基羞涩地告诉她自己读过的几本长篇小说的书名，美丽的夫人站起身来，说了一句，“原来是这样。”并接着说：“嗯！那好吧！我可以借些书给你，不过眼下我没有。那么，你先把这本拿去看吧！”

说着，她从长沙发上顺手拿了一本黄色封皮的书递给高尔基，并且说：“读完了，再来拿下一本。”

高尔基拿着一本俄国反动作家梅谢尔斯基公爵写的《彼得堡的秘密》回去了。他聚精会神地读了这本书没几页，就感到有些乏味。

高尔基觉得，这本书里，讲的都是虚无主义者的一些东西，只有关于自由和棍棒的寓言有可读价值。

几天后，高尔基把书还给了这位美丽的夫人。

夫人问：“哦，怎么样，喜欢吗？”

高尔基很不情愿地说出了实话：“不！”

高尔基以为夫人会怪他，不料夫人却哈哈大笑了起来，她走到卧室，拿出了一本精装的山羊皮封面的小书说：“这本，你一定会喜欢读它，只是不要把它弄脏了。”

这是一本俄国诗人普希金的诗集，高尔基如饥似渴地读完了它。普希金朴实无华的语言、错落有致的韵律，使高尔基大为惊叹。这些诗句好像鸣响了新生活的钟声。读着这些诗句，他心里充满着愉快和欢欣，他觉得一个人能够认字读书，是多么幸福啊！

高尔基背诵了普希金的那些精彩的童话诗。每当躺下睡觉时，他就闭上眼睛，默读着，直至进入梦乡。有时，他还把这些童话诗大声地朗读给勤务兵们听，他们常常听得放声大哭。

高尔基表现得太兴奋了，连他的主人们都瞧出来了，绘图师的母亲骂他：“这个淘气鬼，从早到晚只知道念书，茶炊有三天多都没擦过了，是不是又想挨揍啦?!”

高尔基一点也不生气，用普希金的话骂她：“黑心肝，干坏事，玩巫术的老婆子。”

这老太婆不懂高尔基说的话，只是气得乱骂人。

高尔基不断到美丽的夫人那里去借书，她越来越多地和高尔基交谈。从这位夫人那里，高尔基得到了很多益处。

她鼓励高尔基：“你应该读一些俄国的书，应该了解我们自己的生活。”她列举了若干俄国作家的名字，按着夫人的指点，高尔基读了阿克萨科夫的《家庭纪事》、俄国史诗《在树林中》、《猎人日记》，还有格列比翁卡和索罗古勃的几部书，以及韦涅维季诺夫、奥陀耶夫斯基、丘特切夫的诗集等。

虽然主人一家不再干涉高尔基利用空闲时间看书，但他们还是吝啬地不给高尔基蜡烛用。

高尔基买不起蜡烛，就偷偷攒积蜡盘上的蜡油，把它们装进一个沙丁鱼罐头盒，稍微加点长明灯油，然后用棉线充当灯芯，一盏烟雾腾腾的灯便做成了。

每天晚上，等其他人睡下了之后，高尔基就用这盏自制的灯看书。

不过，这种灯也有很多缺点，每次当高尔基翻动书本的时候，这蜡烛的红色火焰就要颤悠悠地摇摆一次，它随时都会使高尔基陷入一片黑暗，灯芯也随时都有可能被气味呛鼻的灯油吞没，高尔基的眼睛也被油烟熏得异常难受。

高尔基因用眼过度而出了毛病，医师在他的眼皮里做了手术，他被告知需要休息很多天。

当眼睛好后，高尔基拆去绷带，正赶上三圣节。主人放了高尔基一天假，他就跑去看那些勤务兵。

这天，勤务兵们喝醉了酒，一个士兵用一根大劈柴打伤了另一个士兵的头部。

高尔基抱起被打伤的士兵，任他头上的血滴在自己的膝盖上。

被打伤的士兵慢慢清醒了，他莫名其妙地勃然大怒，大喊大叫，伸出两只脏兮兮的手，冲着高尔基的眼睛，狠狠地打了一拳。

高尔基大叫了一声，眼前一片模糊。他跑到院子里，用水冲洗了眼睛。

第二天早晨，高尔基到楼下的板棚取木柴时，捡到了一个空钱夹，他认出这是被打伤的士兵的钱夹，他拿着空钱夹送还了那个士兵。

但那个被打伤的士兵生气地以为是高尔基偷走了他的钱，士兵告诉高尔基的主人。

主人把高尔基打了一顿，事后大家才知道原来是另外的人偷了士兵的钱。

高尔基无缘无故受到了诽谤，他不能忍受这样的侮辱，便对主人说："等伤养好了，我要离开这里。"

主人感到很抱歉，他告诉高尔基让他自己拿主意就可以了。

临别的时候，高尔基特意去向那个借书给他的夫人道别，但他没有找到夫人，他对那个小女孩说："请你告诉你妈妈，我非常非常感激她，你能告诉她吗？"

小女孩说："好的。"

知识的魅力

高尔基又去做洗碗工了，这一次是在“彼尔姆号”轮船上。

“彼尔姆号”轮船是一艘白色的、天鹅似的宽大的快班轮。高尔基这次的工作是厨房杂役，职责是帮助厨师，月薪是7卢布。

高尔基在船上认识了一个叫做瓦西里·里巴科夫的年轻人。他是一个蛮横阴郁的人，平时总是沉默不语，要是谁惹了他，他就会用肩头去撞人。他的蛮力足可以把对方像皮球一样地撞飞到海里。

这天，他把高尔基堵在一个甲板角落，用恶狠狠的眼睛看着高尔基说：“嘿！我听说你会认字。”

高尔基奇怪地看他一眼说：“是啊！有什么问题吗？”

里巴科夫的眼睛立即露出羡慕的神色，并不好意思地挠挠脑袋，脸上堆满笑容对高尔基说：“是这样的，我想请你教我认字，教会我，我就给你一个卢布。但要是你故意欺骗我的话……”他拍拍自己的肩头，说道：“那我就把你扔到海里去喂鲨鱼。”

不等高尔基同意，里巴科夫又说：“我说话算话，上帝为证！”

说完，他用手虔诚地在胸前画了一个十字。

“我的工作很忙，我只能抽空教你。”高尔基说。

里巴科夫高兴地说：“那没问题，洗碗的事我可以帮你。”

以后，高尔基就常在休息的时候把里巴科夫叫到自己的房间，教他认字。

里巴科夫的学习劲头很大，又肯下工夫。一天，他从一个码头散步回来，把高尔基拉到自己的房间，从帽子里取出一张皱皱巴巴的纸片，激动地对高尔基说：“看！这是我从码头的一个墙上撕下来的，上面写的是什么呀？我看着好像是房屋出租的告示，是吗？嗯，上面是写的寻求租房人吗？”

高尔基拿过纸片一看，上面果真写着“房屋出租”几个大字，下面是一排小字，他兴奋地对里巴科夫说：“对，这的确是一份房屋的出租告示呢！”

里巴科夫高兴得手舞足蹈，他说道：“你知道吗？当我今天第一眼看到墙上的这张纸时，我突然感觉这几个字好像我在哪里见过，我就情不自禁地读了出来。天啦！我居然真的将它读了出来，而且，还是正确的。老天爷啊，你告诉我，难道是我真的会认字了吗？嗯！”

高尔基笑着向他点点头，把纸片递到里巴科夫手里，鼓励他说：“那你继续读下去吧！”

里巴科夫费力地、两眼紧盯着纸上的字母，慢吞吞地、一个词一个词地念道：“‘我有两座楼房，二楼是空的，房租每月 10 卢布，需要的请到尼斯大街。’是这样念的吗？”

高尔基对他竖起大拇指，一边点头一边说：“是的，对极了，你已经完全认识了。”

里巴科夫紧张的脸渐渐展开，变成一个很灿烂的笑容。他满意地收起那张纸，小心地卷起来，对高尔基说：

“啊！这个，我要把它保存起来，这是我认识的第一张纸呀！你明白吗？它好像在向我悄悄地咬耳朵呢！这实在太神奇了。哦！小兄弟，我该怎么说呢？”

他已经不知道该说什么好了。

接着，他好像突然想起什么似的，从裤袋里掏出两个卢布送给高尔基，并说：“彼什科夫先生，这是给你的学费，真是太感谢你了！”

高尔基摆摆手没有接受里巴科夫的钱，他对他说：“里巴科夫先生，你别误会，我不是为了钱才帮助你的。”

里巴科夫问：“那是为什么？”

高尔基回答："在生活里大家本来就应该互相帮助，这样上帝才会赐福给你。"

里巴科夫听了很感动，他教高尔基吸烟，并把高尔基当成最知心的朋友。

看到里巴科夫学会了认字，高尔基也从心底里为他高兴。他第一次感觉，原来把知识与别人分享也是一件很有意义的事。

高尔基在这艘轮船上没待几个月秋天就来了。到了这个季节，轮船停运，他只好又重新去找事做。

这时，高尔基已经 14 岁了，他被送进了一家圣像作坊当学徒。那里有 20 多位画像师，工作条件十分恶劣，生活困苦不堪。

清晨，在大家都没起床前，高尔基需要先起来给各位师傅烧好茶炊，等师傅们在厨房里喝茶的期间，他与另一个学徒一起整理作坊，并将用于调色的蛋黄蛋清准备好。

做完这些工作，他还要到铺子里去帮忙招徕顾客。到了黄昏，则是学徒们学习的时候，他们先要帮忙师傅磨颜料，然后才能观摩师傅们的手艺。

起初，高尔基怀着极大的兴趣观赏师傅们的手艺。不久，他就感到厌烦了。他发现几乎所有的画师对他们的工作都感到无聊和厌烦。

在工作之余，高尔基喜欢给师傅们讲轮船上的生活和书上的故事。时间一长，高尔基对那些圣像作坊的师傅们就显得非常重要。虽然他此时还是个孩子，但对于人生，对于生活，他的见识却要比师傅们高远得多。

由于高尔基读了很多书，他的眼界已超越了他们的想象所能达到的境域。在大家闲谈的时候，那些长着胡子的师傅都不得不倾耳静听他的谈话。在空暇的时间，他到处找书读给师傅们听，并乐此不疲。

有一次，他得到一本《莱蒙托夫诗集》，上面印有长诗《恶魔》。这本书鼓舞人们反抗压迫，追求光明与自由，在当时是一本禁书。但高尔基读了这部书后却很激动，他感到既痛苦，又快活。

他把这本书读给师傅们听，他一边读一边因为激动而流下眼泪。他的声音常常中断，眼泪使他看不清诗句，但他的声音却更加有力。作坊里的师傅们小心翼翼地暗中活动，差不多所有的人全围在桌子的四周，紧紧地挤在一起。等高尔基读完了第一章，他们互相拥抱着，皱着眉头微笑。

高尔基第一次感到了诗的力量，感到了诗对于人的巨大影响。他特别喜欢这些师傅们，他们对高尔基也很好。有了书，春天就好像来到了他们中间，他们不愿意看到眼前贫穷乏味的生活，他们憧憬着未来的美好生活。

第二年春天，高尔基再一次想到轮船上去找个活儿干，他想要离开下诺夫戈罗德城到阿斯特拉罕去，因为那是他和自己的父母亲一起生活过的地方。

高尔基一有空就离开圣像作坊到伏尔加河去转悠，以便等待时机的到来。

一天，他在河岸上瞎转的时候，遇到了他以前的师父绘图师。绘图师很热情地招呼高尔基，并拿出一支香烟给他吸。这时的绘图师已经成了建筑承包商，他想请高尔基给自己当工程监工，每月工资 5 卢布，外加每天 5 戈比的饭费。

高尔基想起绘图师曾经冤枉过自己，打过自己，就不愿帮他。可绘图师不住地道歉，不停地说对不起，使高尔基的心终于软了下来。最后，他还是答应了。

在书海里徜徉

高尔基又来到了绘图师的家里。在这里，他发现原来住着那位美丽夫人的房子里现在住着一大家子人。这家有5个少女，其中有两个是中学生，她们一个比一个长得漂亮。高尔基很快和她们成为了朋友，那两个中学生还把自己的书籍借给高尔基看。

高尔基如饥似渴地阅读俄国作家屠格涅夫的著作，他惊奇地发现：屠格涅夫的书像秋天的天空一样明朗晴和，书中的人物性格都至纯至洁；更为可贵的是，他写得通俗易懂，语言简洁，所描绘的一切都无比美好。

高尔基还读了俄国平民知识分子作家波缅洛夫斯基的《神学随笔》。书中写的内容和他在圣像作坊里的生活非常相似，他是那样熟悉书上人物由烦闷而引发的绝望，以及由这种绝望而转化来的恶作剧。

高尔基开始喜欢看俄国作家的书了。在书中，他常常能看到自己熟悉和伤感的东西，书页之间仿佛隐藏着大斋节的钟声，只要他把书翻开，这钟声就会轻轻地“嗡嗡”作响。

他读了许多俄国作家们的小说，有陀思妥耶夫斯基的《死屋手记》、列夫·托尔斯泰的《三死》、莫尔多采夫的《时代的表征》、奥穆列夫斯基的《稳步前进》、沃洛格金的《斯穆林诺村纪事》等。

但高尔基最喜欢的作家却是英国作家狄更斯和华特·司各特。读他们的作品，高尔基通常一本书要读上两三遍。他觉得读华特·司各特的书就像在金碧辉煌的教堂里做节日弥撒，有点拖沓、乏味，但却庄严肃穆；而狄更斯则更是一位天才的作家，高尔基对他的作品佩服得五体投地。

每到傍晚，绘图师家楼房门口的台阶上就会聚集一群人，有绘图师家的孩子，也有那两个借书给高尔基的少女，还有其他几个少年。这群人还喜欢说些各自学校里的事，他们常常抱怨自己的教师和学校的清规戒律。听着他们的谈话，高尔基觉得自己比这些伙伴更自由，但他们的忍耐力也让他惊奇。尽管如此，他还是非常羡慕他们，因为他们能够在学校里学习知识。

绘图师家的制图工作很多，高尔基来了也忙不过来，于是绘图师又请了高尔基的继父来帮忙。

傍晚，高尔基从工地上回来，进了饭厅，一个人向他伸出手来对他说："您好！"

高尔基认出这是他的继父。继父看着高尔基，露出尴尬的笑容。从前的事一下子像火一样燃烧起来，高尔基想起继父曾经那样毒打他的母亲，他一点也不想答理这个人。

"我们又见面了。"说着，继父咳嗽起来。

继父的饭量大得惊人，主人一家用一种令人难堪的态度对待高尔基的继父，这反而缩短了高尔基与继父的距离。

继父对主人一家人显得非常有礼貌，他从来不先开口说话，回答别人的问话也显得简洁和善。他站在桌子旁，心平气和地开导主人：

"这儿得用一个楔子来把人字梁卡紧，这样可以减少对墙壁的压力。"他常常向主人提出许多好的建议，这使高尔基慢慢地改变着对他的态度。

有时候，继父会到

主人后门的过道里去看高尔基。这过道是通向阁楼的楼梯，下面是高尔基睡觉的地方，他常常坐在楼梯上对着窗户读书。

继父来到高尔基面前，吐着嘴里的烟雾问："您在看书？看什么书呢？"

高尔基把书给他看。

继父看一眼书名说："噢，这本书我好像读过。您想抽烟吗？"

高尔基早在轮船上就跟着里巴科夫学会了抽烟，他们便一起抽起烟来。

有时，继父劝说高尔基："嗯！您最好还是从这里离开，最好去上学。我看不出这里对您有什么意思，有什么好处。说实在的，我们这几位主人真是坏透了，坏透了。"

继父跟高尔基说话的时候总是尊称他为"您"，说话时也就像对平辈一样，这令高尔基有些受宠若惊。

高尔基很想跟继父一起谈论谈论书籍，不过，看上去继父似乎并不怎么喜欢书。他还经常告诉高尔基："您不要过于着迷，书里写的很多事情大都被美化了，而对某些方面又有所歪曲。大多数写书的人都跟我们的这些主人差不多，都是些渺小的人物。"

有一次继父问高尔基："冈察洛夫的书您看过吗？"

冈察洛夫是一位俄国作家。高尔基回答说："读过一本叫做《战船巴拉达号》的。"

继父说："《战船巴拉达号》很没意思，我建议您读读他的长篇小说《奥勃洛摩夫》。这本书是俄国文学上最优秀的著作，写得非常真实、大胆。"

高尔基告诉继父自己更喜欢英国作家狄更斯的作品。

继父说："您要相信我，法国作家福楼拜的作品《圣安东尼的诱惑》也是非常有意思的。这部书在《新时代》报副刊上连载过，您应该看看。不过，如果您对宗教和关于宗教的一切感兴趣的话，那您应该看看《诱惑》。”

他给高尔基找来一摞《新时代》副刊，于是，高尔基开始读福楼拜的作品。但这些作品让高尔基想到圣贤传里的很多段落和鉴定家所讲的故事中的一些地方，他把这些想法告诉给继父。

继父说：“嗯！看来您还不适合读这类书，不过，当您长到我这个年纪的时候，您可以看看。”

有一次，高尔基好奇地询问继父对上帝的看法，继父冷静地说：“这个，我不知道。我不信仰上帝。”

高尔基觉得继父之所以这样说，是他自己已经接近死亡，因为他知道继父也患上了和当年自己母亲一样的肺病。

过了一些日子，继父不再来绘图师家里了，高尔基隐约感到他一定是不行了。

一天，绘图师的母亲给了高尔基一个白信封，打开来看，一张纸上写着：

您要有空闲时间，请来见一面。我在马尔丁诺夫医院。

伊戈尔·马克西莫夫

伊戈尔·马克西莫夫是继父的名字，高尔基准备去医院看他。第二天清早，高尔基到了医院，继父漂亮的眼睛朦胧地对着黄色的墙瞅来瞅去，落在高尔基的脸上，然后很吃力地说：“是您吗？谢谢你！”

他的声音很微弱，似乎很累了。过了一会儿，他忽然把嘴张得老大，忽然叫了一声，并痛苦地扭动着身子。高尔基急忙去喊医生，可是继父再也没有醒过来。

高尔基参加了继父的葬礼，望着继父的棺材被埋入地下，他的心里有说不出的难过。

想去上大学

每天早晨6时，高尔基都会去工地工作，在那里他又新交了一些有趣的朋友，他们是木匠奥西普、瓦匠叶菲穆什卡、石匠彼得和抹灰匠戈里高利·施什林。

高尔基的工作就是负责监督他们，防止他们偷钉子、砖头、木板等东西。高尔基尽心尽力地干好自己的工作，他和工人们的关系也搞得不错。

高尔基在休息的时候常常去下诺夫戈罗德城的贫民区转转。那条街被人们戏称为“百万富翁大街”，在那里住着这个城市的所有流浪汉和乞丐。

高尔基对这些人的生活方式和生活态度很感兴趣。这些人远离普通人的生活，似乎过着一种只属于他们的不受任何人约束的快乐生活。

他们无忧无虑，喜欢冒险，这使他想起了外祖父讲的伏尔加河上纤夫的故事。那些纤夫不忍生活的重负成为了强盗和隐士，专门抢劫和盗窃驳船上的货物。面对这此无法无天的乞丐，高尔基并没有感到害怕和不安，他知道这些人是不会伤害他的。

绘图师承包的建筑工程如期完成了，高尔基又一次失业了。

这时，高尔基已经16岁了，他想去上大学，并希望通过上学来改变自己的生活。高尔基的这个想法是源于一个叫做尼古拉·叶甫诺夫的中学生。

叶甫诺夫有一双女人般温柔的眼睛，生着一副漂亮脸蛋儿，是个讨人喜欢的年轻人，当时就住在高尔基主人阁楼的旁边。他因为常见到高尔基读书，就对高尔基发生了兴趣。

后来，叶甫诺夫知道高尔基把自己的全部空闲时间都用来读书，非常高兴，认为自己是找到了知音。他称高尔基“天生就是块搞科学的料”。

叶甫诺夫给高尔基讲科学家法拉第的故事。

法拉第出生在英国一个极普通的铁匠家庭，他的一生在物理学和化学方面有很多发明和创造。

叶甫诺夫对高尔基说：“这就是说，一个普通的工人通过努力能够成为一个发明家！那么，你也可以，不是吗?”

叶甫诺夫详细地为这个新朋友制订了一个计划：高尔基可以到喀山去，本年秋季和冬季可以把中学课程补习完，然后可以考入大学，5 年之后就会成为一个学者。他还告诉高尔基自己在下诺夫戈罗德城上学，读完中学也要回喀山读大学了。

终考后，叶甫诺夫返回故乡喀山去了，他邀请高尔基到喀山他的家里去住。高尔基愉快地同意了。

1884 年的秋天，高尔基去向外祖母辞行。临行前，慈爱的外祖母语重心长地告诫他说：“对别人要有礼貌，要讲道理，出门在外自己多保重。”

她从微微发黑的、憔悴的脸上抹掉几滴稀疏的泪珠，又对高尔基说：“也许，我们再也见不着了。你以后会走得很远很远，我也快不行了。”

高尔基突然感到说不出的痛苦，他觉得再也不会遇见像外祖母这样关心他、亲近他的人了。他站在船尾，望着身影孤独的外祖母，看她正站在码头边上，一只手划着十字，一只手用那条旧围巾的边缘擦着眼泪。高尔基的泪水不由自主地滑落下来。

特别旅行

最好的朋友是那种不喜欢多说，能与你默默相对而又息息相通的人。

——高尔基

特殊的大学

囊中羞涩却一脑子美好愿望的高尔基，来到了伏尔加河上的另一座城市喀山，住在了尼古拉·叶甫诺夫的家里。

喀山是俄罗斯东部当时的一个文化中心，这里有教育机关、博物院，还有一所皇家喀山大学。

喀山也是革命人物的聚集地，当时不少民粹派人士在那里活动。他们大多是受过教育的青年知识分子，主张用恐怖手段对付沙皇，他们认为这样就能达到革命的目的。自19世纪80年代起，民粹主义逐渐被马克思主义所代替。

高尔基一来到喀山，就意识到事情与他心里希望的以及他的朋友叶甫诺夫所保证的不一样。

他的朋友叶甫诺夫的母亲是个寡妇，靠微薄的养老金含辛茹苦地拉扯着两个大男孩。面对这家人的窘境，高尔基为自己成为一个多余的人而感到十分难堪。

高尔基来到叶甫诺夫家的一天早上，叶甫诺夫和他的弟弟还在睡着。高尔基到厨房帮助他的母亲洗菜。他的母亲小心翼翼地问高尔基："彼什科夫先生，你来这干什么？"

高尔基毫不犹豫地回答："读书上大学。"他把叶甫诺夫为自己设计的规划一股脑儿告诉了她。

她吃惊地、呆呆地望着高尔基，过了好半天才说了一句："唉！这孩子，他自己还不知道怎么样呢！"

高尔基很理解这位母亲的艰辛，每当他从叶甫诺夫母亲的手中接过面包时，都感觉到好像是被一块石头重重地砸在心坎上。

高尔基天真地幻想自己会在一年之内读完“大学预科”，然后顺利进入大学，并且靠奖学金完成学业，不再拖累叶甫诺夫的家人。叶甫诺夫是一位热心真诚的人，他不只是在生活上给高尔基以关照，而且竭尽所能地在学业上帮助他，把自己在学校学到的所有知识都毫无保留地传授给他。

可是，高尔基很快就意识到，自己上大学的想法很难实现。因为他没有系统地学习过中学课程，基础知识相当薄弱，根本无法达到高等教育所要求的水准。

既然如此，长期住在叶甫诺夫的家里，靠贫困慷慨的朋友一家养活，他实在于心不忍。

于是，他决定次日一大早就出去干活，就是找不着活儿，也不能在叶甫诺夫家吃闲饭。

此后，高尔基每天都出去找工作。他经常在伏尔加河码头上做事，在那儿挣 15 个或 20 个戈比。要是碰上刮风下雨，他便在一所半毁了的大屋子的地下室里坐上一整天，听着外面倾盆大雨和狂风怒吼，闻着动物尸体的腐烂臭味儿。

在这一段时间里，高尔基结识了许多新的朋友，其中一个叫古利·普列特涅夫的青年。

古利·普列特涅夫相貌平平，皮肤略黑，头发黑黑的，很像日本人。令高尔基奇怪的是，他的脸上长的雀斑像火药一样均匀地涂抹在他的皮肤里。

和许多有天赋的俄罗斯人一样，普列特涅夫并不想发展自己的才能，而是喜欢躺在天才的桂冠里度日。

他有很好的艺术天赋，听力敏捷，会弹竖琴、拉手风琴，可惜他不去深究，仅仅满足于此。

他虽然相当穷，但总是对世界上的一切感到新鲜、惬意。他知道高尔基生活艰难，无依无靠，到处流浪，就让高尔基和自己住在一起。

他还建议高尔基先去参加乡村小学教师的资格考试，如果成功的话，先当个教师，这样可以有一笔固定的收入，还可以在工作之余进行学习，准备进一步深造。

听了他的建议，高尔基就到雷伯内利亚德大街上一幢破烂不堪的房子里住了下来，高尔基想："这就是大学了。"

是的，这是一所特殊的大学，它被人们称为"玛鲁索夫加贫民窟"。

高尔基的朋友古利·普列特涅夫住在贫民窟走廊通向阁楼的楼梯下面，那儿放着一张床，走廊尽头的窗户旁有一张桌子和一把椅子，这就是他的全部家当。他的工作是给一家印刷厂的报纸做夜班校对，每天可以挣到 11 戈比。

高尔基因为要参加教师资格的考试，就没有出去挣钱，所以他们只能买一点面包、茶和糖来充饥。高尔基在普列特涅夫的房间硬着头皮学习各种科目，学习呆板的语法。

不久，他明白了，现在学习这些知识还有些操之过急，就算是通过了考试，因为他年纪太小也未必能够当上老师。

于是，高尔基又出去找事做了。

普列特涅夫的房间只有一张单人床，他们两人就轮流着睡，高尔基晚上睡，普列特涅夫白天睡。

高尔基白天的时候就去外面找事做，天一黑就回来，要是运气好，他可以挣到一些钱买回一些面包、香肠或牛杂碎，来补充他们的伙食；如果没有挣到钱的话，他们就靠普列特涅夫的 11 戈比生活。但无论生活怎样艰难，他们的日子都过得很快活。

这座房子里住着的都是社会底层的小人物，其中有穷困的大学生、学裁缝的女孩和潦倒的文化人。这里还住着一个身患肺结核的数学家，他一天到晚神神道道的，声称可以从数学中证明上帝的存在。

在这里，高尔基还结识了一个叫巴什金的人。他上过师范院校，受过良好的教育，因为染上了肺病不得不住在这里。

巴什金长着一头棕色头发，脸上像演员一样，刮得光光的。他身材矮小，动作敏捷轻巧，仿佛一只猫。

巴什金读书很多，人也很聪明，他给高尔基推荐法国作家大仲马的《基督山恩仇记》时说："这部书主题鲜明，感情丰富，又有理想又有真情。"

他对待高尔基像大哥哥一样，真心实意地为高尔基指点迷津。他讲话的艺术和语言的优美，令高尔基非常羡慕。他对高尔基说："你为什么像女孩儿似的那么羞涩？是怕别人骂你不老实？老实，对女孩子来说的确是资本，但对你，则如同枷锁。公牛倒能安分守己，那是因为它整天只会吃草。"

还有一个叫做特鲁索夫的行踪隐秘的人也跟高尔基很要好。这个人相貌堂堂，衣着讲究，手指像音乐家那样纤细。他在处于城郊的船舶修造厂地区经营着一间小店铺，店铺外边儿挂着"钟表匠"的招牌，但那里实际上是一个销赃的场所。

尽管如此，特鲁索夫却经常警告高尔基说："彼什科夫，你可别去跟偷窃这种事儿沾上边儿。在我看来，你不是这条路上的人，你是个重精神生活的人。"

高尔基不明白他说的重精神生活指的是什么，他便好奇地问："那么，什么是'重精神生活'呢?"

特鲁索夫得意地捋一下自己花白的胡须，一本正经地说："那就是说，对什么东西只抱有好奇，而不是羡慕!"

他这个观点让高尔基很不服气，因为高尔基羡慕很多的人和事，比如巴什金、普列特涅夫和特鲁索夫等。

高尔基羡慕他们的生活经历比自己丰富，羡慕他们总是懂得比自己多。

就拿特鲁索夫来说，高尔基就羡慕他会讲许多西伯利亚、希瓦、布哈拉等地的故事，这些故事让高尔基热血澎湃。而当特鲁索夫一谈及高级僧侣的生活，他又是一副冷嘲热讽、尖酸刻薄的神态。

有一次，特鲁索夫向高尔基神秘地提到沙皇亚历山大三世，他说："这位沙皇真是个能干的君主！"

高尔基读到的小说里常有一种人，他们在故事的开头是以一种坏人的姿态出现的，到结尾时却出人意料地变成了无私的英雄。他觉得，特鲁索夫就应该是属于这种人的。

高尔基还与一些品德高尚、关心政治的有志青年交朋友，他们介绍他认识了一个杂货铺老板安德烈·捷林柯夫。

捷林柯夫是一个患病的独臂人，他长高尔基十来岁，相貌温和，胡须灰白，眼睛里透出精明。他的杂货铺在一条荒凉小街的尽头，是一幢低矮的平房。他的铺子迎面是一个很大的房间，光线不算好，只靠一扇天窗射入微弱的光。和大房间相连的是厨房，从厨房过去，走过一段不长的走廊，是一间仓库。

这仓库是一间秘密图书室，收藏着许多禁书和珍贵版本的书。据说，这是喀山城最好的图书室。喀山许多大学的大学生和抱有进步思想的人们，常常来到这里借书，这儿也是他们的聚会点。高尔基很快和捷林柯夫成了朋友。

从这时起，科学家、思想家和革命家的著作，代替了高尔基过去读的那些小说和冒险故事。他开始学习亚当·斯密的理论，读俄国哲学家、文学批评家车尔尼雷夫斯基和马克

思的著作。

在当时的俄国，马克思的《资本论》是少有的珍品，只有第一章的手抄本在民间流传。

每天晚上，许多大学生和中学生到杂货店来，其中也包括从西伯利亚流放回来、留在喀山工作的革命者和秘密学生组织的成员。他们在这里慷慨激昂地热烈争论，有时也在这里窃窃私语。他们希望改变现状，希望生活变得更美好，所以经常在一起阅读历史和政治经济学著作，分析沙皇统治下的黑暗现实，为祖国的前途担忧。

从这些人的谈话中，高尔基发现，他们常说出一些他想说而不敢说出的话。这使他非常高兴，但有时他又感到他们谈论的书和事物，自己大都读过，或亲身经历过，因而，他又觉得自己比他们更了解生活。

在这些人眼中，高尔基就像木匠手中的一块好木材，他们也很想把他制成一件不同凡响的成品。他们对高尔基十分严格，有时甚至使高尔基认为伤害了他的自尊心。有一次，高尔基在书店的橱窗里看到了一本叫《格言与箴言》的书，他读不懂这书名的含义，便在一次聚会时向一位神学院的大学生请教，并想从这位大学生那里借到这本书。

这个人长得很像黑种人，他长着卷发、厚嘴唇、白牙齿。他以自己是未来的大主教的身份，嘲讽地对高尔基说："您瞧瞧，小老弟，你这不是瞎胡闹吗？这种书也是你能看得懂的吗？让你看什么就看什么，别乱伸爪子了。"

高尔基是个很倔犟的孩子，他把自己在码头上做工的钱，一点点地集攒起来，最终还是买了这本书。这是他第一次买的一本像回事儿的书，他十分珍惜这本书，认认真真地读了一遍又一遍。

还有一次，高尔基读《社会学入门》一书，他以为作者一是过分夸大了游牧民族对人们文化生活的影响；二是忽略了富于创造才能的流浪人和猎人的功绩。

高尔基把自己的想法告诉了一个从事语言学研究的大学生。这是一个在街上走路都要读书的大学生，他常常因为把书放在脸上而和别人相撞。

听了高尔基的想法，这位大学生那张充满女性美的脸上顿时庄重严肃了起来，他跟高尔基讲起了“批评权力”问题，唠唠叨叨足足一个小时。

他对高尔基说：“你先得信仰一种真理，才可以去批评，才有批评的权力。那么，你又信仰什么呢?”

经常来小杂货铺聚会的还有一个在雅库特省被流放过10年的革命家，大家都叫他“霍霍尔”。他是一个很独特的人。他有宽阔的胸膛，密实的络缌胡，鞑靼式光头，身着一件哥萨克短大衣，扣子扣到嘴巴下。他总是寡言少语，爱坐在聚会的角落里，一声不响地抽自己的烟。

这个人令高尔基很好奇，同时对他又很敬畏。

从这个阶段起，高尔基的思想发生了重大的变化，革命的理论像春雨一般滋润着他的心田。那些描写农村生活的朴素的现实主义文学作品，给了他新的启示。他觉得只有对人类充满了最强烈的爱，才会激发出追求生活的力量。从这以后，高尔基再不是只考虑自己，而是开始为他人着想了。

面包作坊伙计

高尔基住的玛鲁索夫加贫民窟，是上山的交通要道，它在雷伯内利亚德和老戈尔内娅两条街的交会处。

老警察尼基弗勒奇的派出所孤零零地守在老戈尔舍内娅街的拐弯处，和高尔基住的大门相距不远。

尼基弗勒奇在这条街上干了很多年，看上去还算聪明，笑起来也还亲切，但总是掩饰不住眼睛中的狡猾神情。

他对人员复杂的贫民窟相当重视，每天都会全副武装地到此巡视几回。有一次，尼基弗勒奇在搜查这个贫民窟时，发现了高尔基的一本抄满了摘要的本子。幸运的是这个本子上所抄的是拉甫洛夫的《现代理论学说及其历史》。可是警察局还是把这件事报告了高尔基的故乡下诺夫戈罗德城当局。

秋天到了，高尔基看到轮船开进了过冬的停泊所，码头荒凉起来，他打算找个固定的工作。

经人介绍，高尔基来到了瓦西利·塞米诺夫的面包作坊。

看见高尔基，塞米诺夫喷着满嘴的酒气，一副没有商量余地的样子说："喂！一个月 3 个卢布干不干？"

看着塞米诺夫那副醉醺醺的样子，高尔基真有点不想干，但想着严冬就要来临，高尔基只好咬咬牙说："干！"

塞米诺夫的面包作坊在一个阴湿的地下室，里面的窗户全部用铁网钉死，只能透出一点微弱的光。

高尔基和其他面包工人被关在这里，每天要干长达 14 个小时的活。他们的工作任务是每人每天和 7 袋面粉，并把它们都做成面包。

这家面包作坊不但工作十分繁重，而且像座监狱。老板塞米诺夫是个冷酷无情的家伙，经常虐待工人。

高尔基有时背着老板，偷偷地给工人们读一些禁书，他很想使这些人产生过另一种新生活的愿望。

高尔基时常把诗人们的诗句读给同伴们听：“哦！人呀！你的命运，是多么崇高……”

他甚至想组织一次罢工，但没有成功。

在这个阶段，高尔基和其他工人还被老板派去给其他城市的面包铺帮忙，他看到，那些地方的面包工人生活和自己所处的面包作坊没什么两样。

复活节时，他还到工友家去串门，从一个村庄走到另一个村庄。沿途他同样看到农民们在地主和贵族的压榨下过着逆来顺受、因循守旧的生活。

耳闻目睹的现实使高尔基对书本中那些美好和甜蜜的农村生活的描述开始产生了怀疑。他所读过的民粹派作家说农民们都具有崇高的道德品质，生来就是社会主义者，如果扩大村社的权利，让每一个人都加入村社、获得一块土地，那时大家就会过上友爱和美好的生活。

而现实生活中的一切同书本中的描写截然不同，他看见的只有绵延起伏的田野、光秃秃的土丘、黑色的树木，一堆堆垃圾似的茅舍和灰蒙蒙的天空，人与人之间也不友善，村社中的人们生活得都不愉快，因为强者总是在欺负弱者。

同民粹派作家的作品相比，高尔基更喜欢平民知识分子的作品。他经常给一起干活的工人们朗读特舍列尼科夫、乌宾斯基等人的作品。有一次，塞米诺夫偷听到高尔基跟工人们说的话，便罚高尔基揉了一个星期的生面团。高尔基为了维护自己做人的权利，他利用零碎的木柴做了一个小书架，一面揉面团，一面看书。

塞米诺夫走进面包房，看见高尔基正在读一本托尔斯泰的著作，他一把抓过书，想把它丢进火里去。

高尔基大声地喊起来："你敢烧我的书?!"

塞米诺夫被这突出其来的叫声惊呆了，他把书丢在地上，一声不响地离开了地下室。

这之后，高尔基再次失业了。

不久，高尔基的一个熟人，那个杂货铺老板安德烈·捷林柯夫经过周密筹划，决定以自己父亲的名义开一个小面包坊。他初步计算一卢布可以产出 35 戈比的利润，他打算用这些收入来献给革命事业，并利用面包坊来组织一些大学生们参加革命活动。

捷林柯夫让高尔基当面包师的助手，并且以"亲信"的身份，监视作坊里可能发生的偷面粉、鸡蛋、牛油、面包事件。

高尔基很高兴地接受了这份工作。他除了做正常的工作外，还每天给神学院的学生们送面包，同时把一些革命书籍藏在面包篮里送给他们，有时他也参加学生讨论会。

在捷林柯夫的小面包作坊，和高尔基一起做面包的还有一个叫伊凡·柯茨米奇·布托宁的面包师傅。这个人长着一撮小胡子，眼睛阴沉忧郁，不大的嘴巴一天到晚都喜欢不停地唠叨着。他不怎么关心周围的现实生活，却总喜欢讲一些别人发财的故事。

高尔基也喜欢讲故事，但他的故事都是来自书本。为了使自己的故事更有说服力，更有意思，高尔基除了做好工作之外，还千方百计地找时间读书。他往往是在一团面粉刚刚揉好，另一团面粉还没有发酵，或面包已经上炉烘烤的时候看书。两人相处的倒也还融洽。

在这个时期，高尔基还遇见了俄国最早的马克思主义者之一的费多谢耶夫。

那是一次在捷林柯夫小面包作坊的聚会上，会上工人和大学生们都在激烈地争吵着，高尔基则蹲在窗户的台下认真而费劲儿地听着。这时，费多谢耶夫来到窗户前，俯下身子对高尔基说：

“您是面包工人彼什科夫先生吗？我们来认识一下吧！我是费多谢耶夫。说实话，在这里也不能听到什么，咱们还不如出去走走。”

高尔基便和他离开了面包作坊，向城郊的田野走去。

费多谢耶夫问高尔基在工人中间有没有熟人，问他最近在读什么书，空闲时间多不多等。他对高尔基说：

“我知道你们的面包作坊实质是干什么，但我奇怪的是你竟然愿意浪费时间去做这种无谓的事情，这里面有什么原因吗？”

高尔基把自己的真实想法告诉他，说自己有时候也确实觉得很没意思。

费多谢耶夫认真地听他讲完每一句话，可以看出来，他很喜欢这个诚实正直的年轻工人。告别时，费多谢耶夫紧紧地握着高尔基的手说，他要离开喀山一段时间，并跟高尔基相约一个月以后再见面。

费多谢耶夫当时只有 18 岁，他那时刚刚在喀山组织起了马克思主义学习小组。在第二年，他和列宁再次出现在了喀山，与小组的成员一起研读马克思的《资本论》，并确立了革命的世界观。

捷林柯夫的小面包作坊紧挨着老警察尼基弗勒奇的派出所，他经常像猎犬一样围着高尔基打转。

一天，尼基弗勒奇突然来面包作坊找高尔基，对他说：“听说你爱读书，是吗？那么，你经常喜欢看哪类书？比如是《圣徒传》还是《圣经》？”

高尔基答道：“两本书我都读过。”

尼基弗勒奇对此十分惊讶，他接着又说：“读这些书很好，是合法的。我想托尔斯泰伯爵的作品你也读吧？”

高尔基没有立即回答，只是抬头看了看他，然后说：“托尔斯泰伯爵的著作和其他作家的作品没什么两样。不过，听人说他曾写过几本大逆不道的书，居然敢反抗神父。”

尼基弗勒奇没有想到高尔基对他的提问居然对答如流，使他找不到一点异常的痕迹。在临别的时候，他邀请高尔基说："在有空的时候，到我的小派出所来坐坐，喝杯茶！"

高尔基当然知道这个老警察邀请自己是出于什么目的，但他还是愿意上派出所去看看。因为如果谢绝，就等于不打自招，会加深警察对面包作坊的怀疑。

于是，高尔基走进了尼基弗勒奇的派出所。

这是一个很小的房间，小屋1/3的空间被俄式炉子占据；还有1/3的地方摆着一张挂着印花床帘的双人床，床上堆着数个枕头，都套着大红斜纹布套；余下的空间里放了一个碗柜、一张桌子、两把椅子，窗前还有一条长凳。

老警察尼基弗勒奇解开制服上的纽扣正坐在对着桌子的椅子上，小屋唯一的窗口被他的身体遮得严严实实。

高尔基坐在桌子对面的长凳上。尼基弗勒奇的妻子坐在一张双人床上，无所事事地看着他们。

尼基弗勒奇对高尔基说："我说，你一定认识古利·普列特涅夫吧？他是个挺有意思的人。"

高尔基听出老警察是在试探他，他只好回答说："是的，我们是熟人。"

"你们早就认识？"尼基弗勒奇好像很失望，他的身子突然一动，胸前的奖章叮当乱响。

高尔基的内心有些忧虑，因为他知道自己的朋友普列特涅夫正在做着印传单的秘密工作。

老警察眉头紧皱地看了看高尔基，开始了他的生动说教："你知道吗？我们有一条看不见的线儿，跟蜘蛛网一样，以沙皇陛下亚历山大三世等人为中心，通过各部大臣，再从省长大人、各级官吏一直到我，甚至到下等士兵。这条线无所不通，无所不包，它像无形的堡垒维持着沙皇千秋万代的统治。可是，那些被诡计多端的英国女王收买的波兰人、犹太人和俄罗斯人，却千方百计地要破坏这条线，仿佛他们是在为人民谋利！”

高尔基知道，这是特务们的告密线。

尼基弗勒奇把身子从桌上弯过来，用恐吓的低沉语调问高尔基：

“明白吗，我为什么要对你说这些呢？你的面包师父对你很是赞赏，据他说，你是独身一人，很聪明，也很规矩。但大学生们常往面包坊里跑，整晚待在捷林柯夫的房间里。如果是单独一个学生去，那是可以理解的，可是总有很多学生成群结队往那跑就不对劲儿了。我可不敢说大学生什么，他们今天是个普通大学生，明天就可能当上检察官。大学生们是好人，就是太多事，再加上沙皇的政敌私下里鼓动他们，你明白了吗？我还有话跟你说……”

他的话还没有说完，他家的房门被一个红鼻子小老头打开了。老头儿的卷发用小皮条束着，手中提着瓶伏特加，可能喝醉了。

小老头看上去是个很有趣味儿的人，他借着酒劲儿兴致勃勃地说：“咱们杀盘棋吧？”

老警察沮丧地向高尔基介绍：“这是我的岳父。”

几分钟后，老警察结束了和高尔基的谈话，警察的妻子亲自送高尔基出门。

在回面包作坊的路上，高尔基暗暗叹服老警察对俄国国情精辟入里的分析。他怀疑面包店里的情况是那位面包师傅伊凡·柯茨米奇·布托宁对老警察讲的，高尔基想：难道他也是“蜘蛛网”中的一条线？

当晚，关了店门，高尔基被叫到老板妹妹玛丽亚的房间里，她一本正经地告诉他：自己是奉命来了解高尔基和警察的会谈情况。

高尔基一五一十地向她讲述了整个过程和自己的想法。从那以后，捷林柯夫决定让大学生们少到面包店来，面包师傅也被解雇了。

陷入精神危机

1887年秋，高尔基的生活越来越困难了。捷林柯夫的面包店经营情况越来越差，因为新来的面包师傅是个退伍兵，手艺不怎么好，再加上面包店和老警察尼基弗勒奇的派出所只有一墙之隔，那些飞扬跋扈的“制服”经常翻墙而过，为他们的上司“买”面包或为自己“买”面包。

高尔基的老板安德烈·捷林柯夫的家庭也遭遇了不幸，父亲因为怕死后进地狱，得了精神抑郁症；妹妹变得冷若冰霜；小弟弟整日喝酒玩女人。捷林柯夫苦心孤诣地想做一件有意义的事，可是太艰难了。

不久，高尔基的好友古利·普列特涅夫被捕了。

那是一个早晨，他们在街上相遇，尼基弗勒奇还是一副老样子，胸前挂满奖章，庄严的神情就像刚刚走出阅兵场。他见了高尔基先敬个礼就走了。没走几步，他停下来冲高尔基吼道：“昨晚古利·普列特涅夫被抓了。”他挥挥手，转过头小声说：“他完了，被押送到彼得堡关进了‘克列斯特’监狱。”

高尔基看见这老警察狡诈的眼睛里好像闪动着泪花。他快速地思索了一下普列特涅夫这些天有什么异常举动。

普列特涅夫似乎早就知道自己会有这么一天，他还让高尔基最近不要去找他，他处处都为高尔基着想。

尼基弗勒奇告诉高尔基说：“是这么回事，逮捕他，是因为在他那里搜到了一口熬颜料的锅。你知道，他是打算印反动传单用的。”

接着，尼基弗勒奇又开始“教导”起高尔基来：“唉！你读过很多书，《新约》四福音书没读过吧！你觉得它写得对吗？让我说，那上面有好多废话。比如，书上写的穷人幸福，简直是胡说八道，穷人怎么会幸福呢？福音书宣扬怜悯穷人，我觉得花那么大的人力、物力去帮助穷人或残废人真是浪费！穷人、残废人并不因帮助就富足或健康起来，倒是反而把别人拖垮了。福音书和我们的现实生活相去甚远，生活有它自个儿的轨道。普列特涅夫为什么会死？他就是死于怜悯，因为怜悯穷人和受苦受难的人们，而葬送了大学生的性命。”

从这个老警察嘴里听到这样的话，真是让高尔基吃惊不已。以前他也听到过类似的想法，但却从来没有尼基弗勒奇讲得这么鲜明生动。

接着，他又似乎是在为高尔基指出一条“光明大道”，他说：“小伙子，你这么聪明，识文断字，怎么一定要做面包师呢？如果你肯为沙皇效力，你可以赚很多钱。”

高尔基表面是在听他讲话，心里却在琢磨怎样把信儿传递给玛鲁索夫加贫民窟的人们，告诉他们的危险处境。因为他知道那里住着一个刚刚从雅布托罗夫斯克流放回来的人，他叫色尔盖伊·梭莫夫。

日子一天天过去了，这段时间高尔基在面包店附近的克列斯托夫尼科夫工厂和阿拉夫佐夫工厂的工人中间结交了一些朋友，听他们述说他们的疾苦。

他和尼基塔·鲁伯佐夫交上了朋友。后来，在一次工人和水兵的冲突中，鲁伯佐夫为了掩护高尔基逃脱被捕了，他被带到警察局，最后死在了监狱里。

看着朋友们一个个离他而去，高尔基陷入了极度的悲哀和痛苦之中。恰在这时，高尔基又收到了外祖母去世的消息，这更使他的心情雪上加霜。

为了分散精力，高尔基开始学拉提琴。他对音乐极为偏爱，因而学起来十分狂热，可是偏偏不该发生的事情发生了。

有一天晚上，高尔基在戏院供职的提琴老师趁他出门的时候，私自打开了高尔基没上锁的钱匣。当钱装满老师口袋的时候，高尔基回来了。老师把脖子一伸，将自己刮得发青的脸伸过来，对高尔基说："唉，你打我吧！"他的双唇不住颤抖，两行泪水从浅色的眼睛里夺眶而出，泪珠很大很大。

高尔基真想揍这个老师一顿，他不知道一个老师怎么会做出这等卑鄙的事来。他强压怒火，握紧的拳头放在屁股底下，命令老师把钱放回原处。

老师把口袋里的钱都掏空了放在高尔基的桌上，走到门口，他突然回过头来对高尔基说："请给我10个卢布，可以吗？"

高尔基给了他钱，学小提琴的事就这么结束了。

眼前发生的一件件事，让高尔基灰心丧气，他觉得人生太没有意思了。这一年的12月份，高尔基下了自杀的决心。为了说明他自杀的原因，他专门写了一篇叫做《马卡生活事变》的文章。他在遗书里写道：

> 我请求解剖我的身体，查看一下是什么样的魔鬼钻进了我的肉体。证件可以证明我的名字是阿列克赛·马克西莫维奇·彼什科夫。我的死与他人无关。

12月12日，高尔基去市场小贩手里买了一支旧手枪，当天20时，他来到了伏尔加河边对着自己的胸膛开了一枪。

从事革命工作

高尔基的手枪没有打中自己的心脏，而是只射穿了肺叶。他立即被送进医院，过了一个月就好了。

1887 年 3 月的一天，高尔基在捷林柯夫的面包作坊里见到了一个熟悉的人：革命家霍霍尔。

和从前一样，霍霍尔还是哥萨克人的打扮：金黄色的耀眼的长胡子飘垂在宽阔的胸前，任性固执的脑门下留着齐齐的短发，脚下那双农民靴子发出难闻的臭胶皮味。

霍霍尔邀请高尔基来到了一家小酒馆。高尔基把自己的苦闷毫无保留地告诉了这位久别重逢的朋友。

听完高尔基的话，霍霍尔建议说："我说，彼什科夫先生，你想不想到我那儿去？我现在住克拉斯诺维多渥村，顺伏尔加河去大约 45 英里。我开了一间小杂货店，你可以帮我卖卖货。放心，你有足够的时间看我的好书，好吗？"

高尔基愉快地答应："好吧！那我试试！"

霍霍尔说："真爽快。那么请你周五早上 6 时到库尔巴拖夫码头，问从我们村来的船，船家是瓦西里·藩可夫。嗨，其实用不着你费神，我会在那儿等候你的。再见。"

霍霍尔迅速结束了他们的谈话，他站起来一面伸出大手和高尔基告别，一面取出他那块笨拙的银表说："我们只谈了 6 分钟。对了，我的真名叫米哈依·安东罗夫·罗马斯。"

他说完迈开大步，甩着膀子，头也不回地走了。

两天之后，高尔基去赴约。

一大早，高尔基就来到了库尔巴拖夫码头，上了船。

那时，伏尔加河刚刚解冻，混浊的河面上飘着数不清的、不堪一击的冰块儿。他们的船乘风而行，船上载着许多货物：木桶、袋子、箱子。浪花随风旋舞，玻璃似的冰块反射着太阳的光芒，轮船穿行在这些冰块间，冰块被撞得四分五裂。

船家瓦西里·藩可夫是个喜欢打扮的年轻农民，他的羊皮上衣上绣着美丽的花纹。他看上去挺平和，只是眼神有点冷漠，不爱说话，又不大像农民。他的助手库尔什金倒是个地道的农民。

库尔什金衣冠不整，头如飞篷，头顶破神父帽，身穿破大衣，腰里系一根绳子。他的撑船技艺显然并不高明，只见他一边用长篙拨着冰块，一边咒骂："去一边去，往边儿滚!"

高尔基和罗马斯并肩坐在箱子上，他低声说："农民都痛恨我，特别是富农。我恐怕会连累你的。"

库尔什金放下长篙，扭过那张受过伤的脸说："你说的没错，他们最恨你。神父也最烦你。"

潘可夫也在一旁说："的确如此。"

此时的高尔基还并不能完全明白他们说话的意思，他只是有些感谢罗马斯没有对自己自杀的事感到好奇。他觉得，自杀是最令他丢脸的一件事。

中午，眼前出现了一座美丽的村庄，这就是克拉斯诺维多渥村，高尔基他们的目的地。

这个村庄的制高点是建在高山上的一座蓝色圆顶教堂，从教堂往下是连绵不断的一幢幢造型别致、又十分牢固的小木屋。房顶上的黄色木板或如花似锦的草丛在阳光下熠熠生光，一派田园风光。

船靠岸后，一个瘦高个子农民从山上走来，他长着一头帽盔似的红发，像是从画中走出一样。

在无数条银光闪闪的溪水间，他踏着松软的土地，阔步而行。

船停下来后，他大声喊道："欢迎你们！"他四下里望望，拾起两根木棍，让木棍的一头搭在船舷上，然后一跃身上了船。

这位农民红脸膛儿，高鼻梁，海蓝色的双眸，俨然一个"美男子"。罗马斯亲切地称他为"伊佐尔特"。

不一会儿又来了一辆马车，大家七手八脚把罗马斯从城里买来的货物搬了上去。

跟着马车，高尔基和罗马斯走进一个木栅栏的小院。别的人都去卸货。罗马斯陪高尔基走进了一间洁净、温馨的新木屋，这里还散发着木屑的香味儿。罗马斯从随身携带的箱子里取出了几本书，放到壁炉旁的书架上。

一个长得眉目清秀的女厨子，正在准备饭菜。

罗马斯对高尔基说："你住阁楼上。"

高尔基登上阁楼，从这里，他可以看到克拉斯诺维多渥村的半个村庄。

不一会儿，高尔基被喊下阁楼吃饭，"美男子"伊佐尔特正坐在桌边和罗马斯讲话。高尔基一出现，他立刻停下话来。

罗马斯眉头一皱，说："伊佐尔特，你怎么想？继续说！"

伊佐尔特这才开口："就这样吧！我们必须提高警惕，你出门得带枪，至少也得带根木棒。唔！当着巴里诺夫的面儿说话得留点神，他和库尔什金一个毛病，嘴巴快得跟女人似的。"

罗马斯又谈起，必须把小果园主组织起来，让他们摆脱收购商的操纵。

伊佐尔特仔细听了罗马斯的谈话后说道："只怕村里的富农土豪们不会让我们过安生日子。"

罗马斯用鼻子大出一口气，说："哼！走着瞧吧！"

听了他们的讨论，高尔基隐约感到：从现在起，他要正式开始从事革命工作了，而且斗争十分激烈。

饭后，伊佐尔特又嘱咐罗马斯："别太心急，好事多磨，得慢慢来!"

伊佐尔特走后，罗马斯对高尔基说："他这人聪明、能干、可靠，可惜不怎么识字，上进心倒是满强的。你要多帮助他。"

晚上，罗马斯开始向高尔基交代各种货物的价格，他向高尔基说："我们的货，价格比另外两个店要低，这就惹恼了他们，最近他们扬言要教训我一顿。我来这儿不是图舒服或赚钱，而是另有所求，就跟你们在城里开面包店的意思差不多。"

高尔基点点头说："嗯！我已经猜到了。"

罗马斯继续说："人民太需要获得知识了，你说呢？你很有天赋，意志坚强，对未来满怀憧憬，你要去为他们工作。让农民觉醒是首要问题，人民不能只是爱。爱意味着宽容，对女人可以这样，对人民则不行，莫非我们对他们的混沌思想可以宽容吗？你们城里人都喜欢读俄国革命民主主义者涅克拉索夫的诗，我说单靠一个涅克拉索夫是不够的。

"我们应该去做农民的工作，对他们说：'农民兄弟们，你们这么好的人，却过着多么悲惨的生活，你们甚至不如牲畜会照料自己、会保护自己。为什么不努力改变现状，让生活变得更加美好、更加愉快呢？农民并不意味着一无所能，那些贵族、神父，甚至沙皇，追根溯源，都是农民出身。你们知道该怎样做了吧？好了，热爱生活吧！谁也不能来糟蹋你们的生活'。"

他让高尔基看他的藏书，那些书几乎全是科学类的：有英国历史学家巴克尔、英国地质学家莱伊尔、爱尔兰政论家哈特波尔·勒启、英国自然科学家拉布克、英国社会学家泰罗、英国哲学家斯宾塞、英国生物学家达尔文等人的著作，还有俄国的皮萨洛夫·杜勃罗留波夫、车尔尼雪夫斯基、普希金、冈察洛夫和涅克拉索夫等人的作品。

他用宽宽的手掌抚摸着他心爱的书，怜惜地小声低语："这全是好书。这两本尤其珍贵，是禁书。你可以看看，从书中你可以了解到什么是国家。”

罗马斯把一本英国主张君主专制政体的政治思想家霍布斯的《巨灵》和意大利主张君主专制的政治活动家马基雅维利的《君主论》递给高尔基。

之后，罗马斯又把自己的身世告诉给高尔基。原来，他出生在切尔尼戈夫省的一个铁匠家庭，曾在基辅车站当列车加油工，在那里结识了一些革命者。他因组织工人自学小组而被捕，被判入狱 4 年，后来又被充军发配到雅库特，过了 10 年的流放生活。

这一夜，罗马斯和高尔基谈了很久很久，高尔基第一次深深感觉到了如此真诚热烈的友情。自从自杀事件以后，他就变得非常自卑，觉得自己十分渺小，像是对人们犯了罪过，没有脸再活下去。而罗马斯仁慈而率直地把自己的生活向他敞开，令高尔基非常感动。他认为，在自己的生命中，这天是个非常值得纪念的日子！

星期日，小店一开门，做完弥撒的农民们陆续来聚会了。第一个登门的是马特维·巴里诺夫，这人全身脏兮兮的，蓬头垢面，两条长胳膊像猿猴一样垂着，眼睛却生得很俊气，跟女人似的，目光显得悠闲自得。

他打过招呼后，问了一句：“城里有什么消息?”然后就掀动嘴巴，说什么省长去朝拜沙皇，他还夸赞省长说：“这个官，真会来事儿。”

罗马斯心平气和地责怪他说：“我敢说，你说的没一句实话。”

第二个走进店的是一个穿着别人的破旧哥萨克式外衣的矮瘦老头。他一面说着，一面还脱帽向罗马斯致意："您好！罗马斯！"

下面出场的是一个神情严肃、络腮胡子的苏斯罗夫和渔民伊佐尔特，以及罗马斯的房东、那个船家藩可夫。

不多时，小店里已经聚集了十多个人。罗马斯低头吸着烟听农民们聊天。

坐在台阶上的苏斯罗夫说："罗马斯！老百姓根本没法活了。以前给地主老爷们做活儿，没有一点闲工夫，现在……"

伊佐尔特抢过话说："你是说现在还不如以前，对吧？我看你最好送上一份请愿书，要求复辟农奴制得了！"

罗马斯看了他一眼，并没吱声，把烟斗在台阶栏杆上磕了磕。

农民们的争论渐渐平息了，大家都有些郁郁寡欢。高尔基的情绪也随之低沉，高尔基又怀念起那些健谈的大学生们和工人们。高尔基奇怪为什么罗马斯只是专注地听农民们闲谈，而自己故意放弃发言的机会。

晚上吃茶时，高尔基把自己的疑问提出来，并问罗马斯打算什么时候和农民们谈话。

罗马斯认真听了高尔基的提问，说："谈什么？"他慢腾腾地装好烟斗，一边拍着烟，一边说："你要知道，彼什科夫，如果我在这种场合和他们谈，准是又要被流放到亚库特……"

他点燃烟，屋内随即陷入了一片烟雾的笼罩之中。他开始分析农民的处境和他们的心态："农民胆小怕事，他们谁都怕，怕自己，怕邻里，最怕外地人。俄国农奴制废才废除 27 年。凡是 40 岁以上的农民一降生就是奴隶身份，他们铭记着奴隶生活，但对自由却一无所知。现在你简略地对他说，自由就是按自己的心思活着，可是他们会说，地方官老爷时时刻刻在干预我们的生活，我们怎么能按自个儿的心愿生活呢？沙皇把他们从地主手中解脱出来，自然他们的唯一主人就是沙皇。

“自由是什么东西。沙皇会颁布圣旨解释的。老百姓们信仰沙皇，他们打心眼里认为沙皇是全国土地和财富的占有者。他们甚至认为沙皇既然可以把他们从地主那儿解放出来，就可以从商人手中夺回商店和轮船。

“他们骨子里是拥戴沙皇的，他们否定所有地方长官，唯独肯定沙皇。我们要做的就是唤醒老百姓，用知识驱赶他们的愚昧，让他们认识到必顺从沙皇手中夺取政权，告诉他们选举长官应该从民众中产生，这长官包括县警察局长、省长和沙皇。”

高尔基打断了他的话，叹了一口气说：“啊！这太漫长了。”

罗马斯很严肃地说：“难道你认为革命会一下子就能成功吗？”

高尔基陷入了沉思。

接触乡村农民

渐渐地，高尔基开始喜欢这里的生活了。罗马斯每天都会带来新消息，他在这里可以安心地读书，罗马斯时常加以指点，他进步得很快。

伊佐尔特每星期三晚上都到高尔基这儿来。高尔基教他识字。开始他对高尔基还抱以轻蔑的态度，几个星期后他就有所转变。有一次，他从书架上随便抽出一本书，不很熟练地念了两三行，他兴奋地对高尔基说："我能读书了，彼什科夫。你真厉害，我觉得，你就算做个正式老师也没问题！"

伊佐尔特有着乡村渔民的特点：纯洁浪漫，热爱生活。他是个孤儿，没有土地，以捕鱼为生。他对乡村里的土豪极端仇视。他对库尔什金评价也很高，认为库尔什金是热心肠的大好人！

晚上常来杂货铺的是伊佐尔特、库尔什金和潘可夫，他们一坐就是半夜时分才散去。他们听罗马斯讲国际形势，讲异域人的生活状况以及其他国家人民的革命运动。

潘可夫最喜欢法国大革命，他憧憬地说："这才是天翻地覆彻底改变原有生活的壮举呢！"

潘可夫是富农的儿子，他为人和善，对待雇工库尔什金没有主人的居高临下的态度。他因为"自由恋爱"和父亲闹翻了，独立门户，和家庭决裂了。

他把自己的房子租给罗马斯，还为罗马斯建了一个杂货铺，这引起了村里富农们的仇视。但他表面对此不屑一顾，只有说起富农时，他才动点声色，对富农除了讥讽还是讥讽。

潘可夫十分厌倦这里的生活，他说："如果我有一技之长，早就离开这里去城市住了。"

到小店里来的还有一些行动诡秘的不速之客。罗马斯把他们带上高尔基的阁楼，一谈就是几个小时。

高尔基很喜欢这些朋友，常常跟他们交谈。他的生活由此也变得充实起来，高尔基渐渐抛开了自杀给自己心理上带来的阴影，他感到日子变得美好起来。

第二年春天，罗马斯依靠潘可夫、苏斯罗夫和其他部分农民，办成了一个专门销售苹果的供销合作社。这个合作社直接把这里农民种植的苹果销售到城市里去，而且合作社开出的价格比本地富农们开出的价格要高。

这件事改变了许多农民对罗马斯的态度。但罗马斯在农村的活动却引起了村长和富农们的敌视，他们决定炸毁罗马斯的小店。一天夜里，一群人手持武器袭击了罗马斯的杂货店，他们两次向罗马斯开枪射击。因为罗马斯等人早有准备，富农们的行动最后以失败告终。

对富农们的敌对态度，罗马斯没有畏惧，他对高尔基说："一旦干起革命，就不能害怕任何困难。你要记住，最根本的是要去干。"

这年7月中旬，伊佐尔特突然失踪了，传说是落水淹死了。两天以后，孩子们在河边洗澡时，在一只搁浅的破船下发现了伊佐尔特的尸体。船的一端已被冲上了岸，伊佐尔特就挂在船尾下的舵板上。他脸朝下，脑浆被水冲走了，能够看出他是被人从后面砍死的。

这时，罗马斯恰好去喀山进货了，高尔基和女厨子独自看守着杂货店。他们去河边看到了伊佐尔特尸体，感觉很难过。

又过了两天，罗马斯从喀山返回店里。他看上去很高兴。

高尔基开口便说："伊佐尔特被害死了。"

"你说什么?!"罗马斯的脸被这意外的消息弄得变了形，他的胡须不住地颤抖。他沉默地低头想了一下，说："他们竟下这样的毒手。”罗马斯的内心充满着忧伤和愤怒！

1888 年 8 月，在收摘苹果前的一个早晨，罗马斯和高尔基还在梦乡中，杂货店被人放火点着了。

一时间，板棚上火焰滚滚，他赶忙去拽书箱，这时火势已将书箱吞没。不得已，他裹上一件羊皮外套，从楼窗跳了下去。

大火顺风蔓延，导致了 11 家农户的茅舍被毁。村民们奔走号叫着，为自家的资财忧虑。水源太远了，在伏尔加河里。人们开始砍一家刚燃着的篱笆的支柱，刚刚逃命后的罗马斯、高尔基他们爬到篱笆上去，拔起支柱，然后一起把篱笆拖到街上去。火渐渐地熄灭了。

罗马斯他们的房子全被烧光了，只剩下了山沟里的浴室。当他们躺下来休息的时候，意想不到的事情发生了。

富农们栽赃说这场火灾是罗马斯干的，被蒙蔽的农民围住罗马斯要打他。镇定自若的罗马斯，平静地叼着烟斗，一边吐着烟，一边对愤怒的农夫们进行劝说。农夫们最后终于搞清了事情的真相，但由于怕村长加害他们，只得忍气吞声，不了了之。

经过这件事后，罗马斯离开了克拉斯诺维多渥村，潘可夫带着库尔什金继续开杂货店。高尔基心情异常沉重，他和巴里诺夫一起靠打工在这小村生活了一段时间后，终于在一个风雨之夜也离开了这个美丽的村庄。

高尔基在喀山住了 4 年。虽然他没能进喀山大学，但当他离开喀山时，无论在学识、思想、社会经验各方面都有了巨大的进步。

火车站员生活

1888年秋天，高尔基离开喀山时，已经20岁了，他长成了一个体格魁梧、身材高大的小伙子。

他又开始了流浪的生活。像其他城市一样，察里津也是沙皇政府放逐政治犯的地方。高尔基在这里认识了一个被流放到这里的民粹党人。这位民粹党人很同情高尔基的遭遇，他帮高尔基在城外一个冷落的杜布林卡小火车站找了一份守夜的工作。

高尔基的职责是看管面粉和其他食品，以防止贼人的偷盗。每天夜里，从黄昏6时至第二天清晨6时，高尔基都要手持木棒，在那货车车棚四周巡逻。

一天，高尔基突然发现从货车的车门里跳出一个人来，他正要举棒打下，这人开口说："彼什科夫先生，是我。"

"你是谁？"高尔基惊奇地发现他就是站长。

原来，这家小火车站的站长常干些监守自盗的事情。站长把他偷的东西卖了，然后挥霍赃款。有一次他为了堵住高尔基的嘴，还强迫高尔基参加他用脏款举办的酒会。站长家的女厨子和他的主人一样蛮横，她常常在高尔基值完了一整夜的班之后，让高尔基做些如扫院子、烧炉子、清马厩等额外的工作。

终于，忍无可忍的高尔基给杜布林卡车站的上级单位阿达杜洛夫铁路管理局写了份文笔犀利的控诉书。

不过，铁路管理局根本就无暇顾及一个守夜人的控告。高尔基不甘心，他心血来潮，把上诉书写成一首诗。铁路局的职员们读了这不同寻常的状子，把高尔基调到博里索格列勃斯克的货车站去当看守员。

在这个货站服务的有不少是受过高等学府教育的人，他们中间有几个被当局认为是政治上的“不稳定分子”——即曾坐过牢或曾被流放的人。不久，高尔基和他们当中有一个叫巴任诺夫的成了好朋友。巴任诺夫介绍高尔基读海涅和莎士比亚的作品。高尔基感觉自己周围的现实生活和自己的理想生活有很大的差距，又重新陷入到彷徨和孤独当中。

不久，高尔基被调到了克鲁泰亚车站，充当过磅的记数员。在这里，他亲自组织了一个“自学小组”。参加这个“自学小组”的，除了高尔基之外，还有克鲁泰亚车站的报务员、农民出身的技工尤林，穆兹基·雅罗斯拉夫采夫，钳工维林和排字工兼装钉工拉赫麦特卡。

这个小组的成员是和睦而民主的，这与喀山的知识分子小组迥然不同，他们摆脱了民粹派教条的束缚。

高尔基幻建立一个农业移民区，在那里，他可以同朋友们过独立的生活，自己耕地、播种，用自己的双手去收获庄稼。他想到了由信徒和友人弗·契尔特科夫等创办“媒介”出版社的作家托尔斯泰。托尔斯泰在那几年曾经鼓励建立农业移民区。于是，高尔基给托尔斯泰写了一封信，要求托尔斯泰分给他一块地。信里写道：

据说，您有许多没有耕种的土地。我们请求您把这样的土地分给我们一块。

下诺夫戈罗德市民阿列克赛·马克西莫维奇·彼什科夫

代表大家谨上

但是，这封信发出去之后，一直没见回音。显然，托尔斯泰不可能仅凭一封这样简单的书信，就把一片土地无偿地赠给几位不知底细的年轻人。所以，高尔基打算亲自会见托尔斯泰，说服这位德高望重的文化名人给自己以帮助。

1889年春天，21岁的高尔基到了服兵役的年龄，他打算离开克鲁泰亚回到自己的家乡。他设计了经过图拉和莫斯科，最后到达雅斯纳雅波良纳和哈摩夫尼克的行程。他想要到雅斯纳雅波良纳和哈摩夫尼克等地去面见托尔斯泰。

他把自己这些年写着诗的笔记本和一篇他认为“绝妙的散文长诗”《老橡树之歌》，塞进了背包，离开了车站，带着希望步行去见托尔斯泰。

可是，行进千里，高尔基在两个目的地都没能见到托尔斯泰。他在自己的日记里记下了这次失败的旅行：

> 列夫·托尔斯泰的妻子索菲娅·安德烈耶芙娜告诉我，他到特罗伊乐、谢尔基耶夫斯卡雅修道院去了。我是在那间满满地堆着一捆一捆书的杂物房门前的院子里遇见她的，她把我引到了厨房里去，亲切地请我喝了一杯咖啡，吃了一块小面包。她在谈话中对我讲起，这里总有很多“来历不明的游手好闲的人”来麻烦列夫·尼古拉耶维奇，而且在俄国，游手好闲的人总是非常之多。

很显然，托尔斯泰的妻子也把高尔基当成了“来历不明的游手好闲的人”了。

这次经历后，高尔基放弃了建立农业移民区的打算。他在莫斯科货运站结识了一位拉牲口的货车车厢押运员。在押运员的帮助下，高尔基终于回到了自己的故乡下诺夫戈罗德。

创作历程

感到自己是人们所需要和亲近的人，这是生活的最大享受，最高的喜悦。

——高尔基

拜访柯罗连科

高尔基回到下诺夫戈罗德，但此时他在这里已经没有家了，他的外祖父和外祖母都先后去世，他和他的舅舅、表哥表姐们一直也没有什么交情。

投靠无门，高尔基只好前往当地的军队服役部门报名当兵。

高尔基没有被军队接受，医生检查出他的肺部有些小洞。他只得自己找活干。

此时的下诺夫戈罗德是政治犯，被押往西伯利亚流放地的中转站。在这里曾经住过一批被称为“政治移民”的政治家。1887 年，俄罗斯掀起大学风潮，很多大学生因为参与反政府示威活动而被当局驱逐出喀山，来到了这里。

高尔基跟一位叫索莫夫的学生住在一起，这位学生是他在喀山认识的老朋友。

高尔基做了一家烧酒作坊不熟练的工人，任务之一是给顾客们送酒。

高尔基这身奇怪的工作服常常引起路人们的关注，不久，当地穿蓝色军裤的警官也开始注意他。警察注意他是因为他早在喀山时就曾被警察当局通报过；另一方面，同他住在一起的索莫夫也是大学风潮中的“危险人物”。

这年 10 月，警察在喀山发现了一个印刷马克思主义文件的地下工厂，高尔基的同伴索莫夫受到牵连。12 日这一天，彼得堡来了一条逮捕索莫夫的命令，下诺夫戈罗德警察局出动警力对索莫夫的住所进行了搜查。

索莫夫这天不在家，宪兵在大搜查时搜到了一本高尔基写满诗稿的本子。这时，高尔基刚好下班回来，宪兵抓住了他的脖领子，问道：“你就是阿列克赛·马克西莫维奇·彼什科夫？”

高尔基不慌不忙地回答：“是的。有什么问题吗？”

宪兵凶恶地说：“我们怀疑你同索莫夫一起参加了喀山的反革命活动，麻烦你跟我们走一趟。”

高尔基把头一仰，不服气地说：“你们这是诬陷！”

由于高尔基的强硬反抗，最后被宪兵送进了下诺夫戈罗德监狱。

几天后，喀山那边破获了以佛陀歇夫为首的“反革命”小组案，下诺夫戈罗德警察局极力想把被捕的高尔基拉进喀山的案件，但因为没有足够的证据而不得不把他放掉。

在释放前，一个宪兵头目对高尔基说：“你喜欢写作是不是？不过，只要你不参加反革命，不写那些有悖沙皇的东西，你写什么都无所谓。嗯！如果我把你放了，你可以拿你的东西找柯罗连科看看。他可是个正派的作家，不比屠格涅夫差。”

高尔基很快就出狱了，他在律师事务所又重新找到了一个文书的工作。他的老板是律师拉宁，这是一个学识渊博、品性高尚的人，高尔基称他为自己的第二位老师。

这个阶段，高尔基的创作欲望更加强烈。在冬天来临的时候，他想起了警察局宪兵头目的话，于是决定去拜访大作家柯罗连科。

12 月的一天，拉宁律师给高尔基放了一天假，高尔基带着自己的诗《老橡树之歌》去市郊区柯罗连科的小木屋。

高尔基来到柯罗连科的门口，看见台阶前有一个身材不高的人正在铲雪，他问高尔基：“你找谁？”

高尔基回答说：“请问大作家柯罗连科先生是住在这里吗？”

铲雪人说：“我就是。”

高尔基把自己的来意告诉给柯罗连科，柯罗连科邀请他到屋里详谈。

柯罗连科住的房间不大，房间里摆满了家具：两张书桌，4 个书橱，3 把椅子。

柯罗连科请高尔基在一把椅子上坐下来，高尔基把稿子交给了他。

柯罗连科一页一页认真地翻看着，他一会儿把手稿放在双膝上，斜着眼看，一会儿又看一眼高尔基。之后，他对高尔基说："你的字写得很怪，看起来好像简单明白。可是读起来却很困难。你在这儿写了'齐格加格'，这一定是笔误。因为俄语中并没有这个词，实际上应当写做'齐格扎格'。"

高尔基在一旁听到这些话，一时间觉得很窘。

翻了几页稿子以后，他又说："只有在绝对必须的时候才可以使用外国字，平时最好不使用它们。我们俄罗斯的语言是非常丰富的，完全可以表达最细致的感情和差别极细微的思想。"

高尔基觉得他的话好像是随便说出来的，而且带着粗野的重音，他觉得很难受。

为了缓和气氛，柯罗连科微笑着说："你常常用粗鲁的字眼，也许是你认为这些字更有力量吧？不过，有时候事情也是相反的！"

高尔基解释说，自己一是没有时间仔细地推敲；二是因为自己也没有一个适合写作的环境去从容地写作。

柯罗连科目光温和地看了高尔基一眼，不再说什么。当他看到诗里出现"我到世界上来是要表示抗议。有一回是这样的"一段文字时，他亲切地说："'有一回是这样的'不对！这种说法笨拙，不漂亮。"

当柯罗连科看到诗里写到一个人"像老鹰一样地"坐在一座庙宇的废墟上时，他含笑地指出："这样坐不合适，地方不适当，既不庄严，也不体面。"

柯罗连科一个接一个地指出作品的笔误，使得高尔基感到非常狼狈，他的脸一下子变得像烧红了的炭一样。

柯罗连科注意到了高尔基的情绪变化，为了鼓励对方，他又以著名学者所犯的常识性错误为例，讲起了俄国大作家格列勃·乌斯宾斯基书中一些语法、句法的错误。

两个星期后，柯罗连科托人把初稿还给高尔基，来人对高尔基说："柯罗连科先生觉得他把你吓倒了。他说你有才能，不过应当根据现实写作，不要去发挥哲理。他还说你有幽默感，虽然带一点粗野，不过这倒是好的。谈到你的诗，他说像是梦话。"

高尔基从来人手里接过手稿，一看上面用铅笔写了好几行字，内容如下：

> 根据这首《老橡树之歌》很难判断你的才能，不过我觉得你是有才能的。你不妨写一篇你亲身经历过的事情，写好给我看看。我不会诗评，你的诗我不懂，虽然个别的几行有力而且生动。
>
> 柯罗连科

柯罗连科亲切而又严格的态度使高尔基深受感动，但他没能理解柯罗连科的话，他不理解所谓写"自己亲身经历过的事情"究竟是什么意思。他认为，在诗里所写的一切，哪件不是自己亲身经历的呢？他有些伤心，觉得当一个作家并不是一件容易的事。他把自己的诗稿撕碎，扔进了炉子里。他决定不再写诗和散文了。

初露文学才华

高尔基在下诺夫戈罗德又住了两年。在这段时间中，他广泛地结识了各学习小组的青年和“政治家”。

在他们中间，当听他们枯燥而费解的演说时，高尔基觉得自己“就像一只黄雀待在一窝聪明的乌鸦中间一样”。他通过自己的亲身感受，发现这些所谓的“民粹派”只不过是一群脱离人民、脱离现实生活空想主义者。在他们中间，高尔基感到空虚和苦恼。

他想起在喀山和察里津度过的那些日子，他在那里虽然也参加了一些知识分子的集会，碰见过许多优秀的人物，可是即使是他们当中最出色的人，也不免脱离人民，脱离现实社会。他们读书、辩论，但并没有什么行动。高尔基决定，做一次长途旅行去观察真正俄国人民的生活，以自己的亲身经历来了解人民。

1891 年 4 月初的一天，高尔基没有同任何人告别，悄悄地离开了下诺夫戈罗德城。

自从上次被捕放出来以后，高尔基就一直被当地的警察部门秘密监视着。为了避开警察们的“蜘蛛网”，他沿着伏尔加河高高的河岸深一脚浅一脚地艰难跋涉。当他确信没有人跟踪之后，就坐船到了察里津，然后又顺着他所熟悉的察里津横穿过顿河草原。

为了在路途中生活下去，高尔基不时地停下来找些活干，在罗斯托夫港，他在一艘土耳其轮船上每天工作 15 个小时，装卸潮湿的皮革和一篓一篓的烟叶，一天挣到 50 戈比。

他住在靠近码头的一座房子的地下室里，在这里，他又结交了不少的码头工人和马车夫。接着，他又漫游到乌克兰。

高尔基从乌克兰的这一村到那一村，发现了许多新奇的事物，当然，也遇到了很多危险。有一次，他几乎淹死在克尔奇海峡；还有一次，在乔其亚公路上，他被封闭在大风雪中。为了生存，他不得不做短暂的停留，挣一点钱，再继续走下一段路。

但是，什么困难也阻挡不了他，因为他要了解俄罗斯。

这年的7月15日，当他经过乌克兰的一个村庄时，碰巧看到了一种当地叫做“马奔”的惨剧。

这是一种残酷的惩罚，是专门施与“不贞节”的女人的。

高尔基看到，一个柔弱的女人，赤身裸体被套在一辆两轮车下，跟一匹马套在一起。一个彪形大汉爬上车，扬起鞭子，一下一下轮流抽打着马和那女人，马车飞快地跑着，车子后面跟着一大群看热闹的人们。在这些村民看来，这不过是例行的风俗，是男人惩罚老婆的平常事而已。

面对这种野蛮、毫无人性地虐待妇女的行为，高尔基挺身而出给以制止。

然而，当地的人们把他殴打了一顿，并把他从村子里拖了出来，扔进灌木丛的污泥中。

傍晚，一位流浪乐师从这里经过，发现了已经不省人事、奄奄一息的高尔基。好心的乐师设法把他送到了当地医院，于是他得救了。

伤愈后的高尔基继续上路了，他下一步行程是到比萨拉比亚。高尔基来到这儿时，正是收获葡萄的季节，于是他又成了收葡萄的工人。

比萨拉比亚风光绮丽的边区使他能得以休息，恢复精力。他穿过比萨拉比亚南部地区，来到了多瑙河畔，之后越过阿克尔曼返回到敖德萨。

高尔基在敖德萨港口当了一阵子搬运工，在这期间，他碰上了一个叫做格鲁吉亚的青年。

格鲁吉亚是个脱离了自己家庭的小少爷，流落他乡之后，他穷困潦倒，看不到使自己摆脱困境的任何出路。出于同情，装卸工高尔基向这位少爷伸出了无私的援助之手，他用自己劳动挣来的钱和食物帮助格鲁吉亚，还陪同他返回家乡。

在他们路过库班的哥萨克村时，高尔基听到迈科普村发生了“牛瘟暴动”的消息。由于沙皇官吏消灭牛瘟不力，当地居民被激怒起来，然而士兵却打死了不少农民。

高尔基连忙带着格鲁吉亚赶到迈科普去，但他的行踪引起了当局的注意，他第二次被逮捕了。

宪兵队长问高尔基为什么来这里，高尔基回答：“我想了解俄罗斯。”

宪兵队长以一副不屑一顾的神情回答高尔基：“这不是俄罗斯，而是猪圈!”

被释放后，高尔基又踏上了漫游的路程。他离开迈科普后先到了别斯兰，然后沿着北高加索山脉向里海走去。

已经是10月底了，高尔基依然同那位格鲁吉亚的富家子弟同路。

他们经过尼古拉耶夫、赫尔松、彼列科普、辛菲罗波尔、雅尔塔、费奥多西亚、刻赤、塔曼、黑海地区和捷尔斯克省，沿着格鲁吉亚于1891年11月来到了高加索的首都梯弗里斯。

当他们到达梯弗里斯之后，那位富家子弟偷走了高尔基的全部东西。虽然他事先曾答应让高尔基住在梯弗里斯自己的家里，但他其实是在欺骗高尔基，并把高尔基抛到了这个陌生的城市中。

因为寒冷和饥饿，高尔基在这里遇到了意外，第三次被捕。

警察局长对他进行了讯问。为了早点离开监狱，高尔基想起了自己曾在察里津铁路局认识的一名朋友亚·纳恰洛夫。

此人在梯弗里斯的一个铁路管理局任职，他很快保释出高尔基后，并利用自己的关系，给高尔基安排了工作。经过长途漫游，高尔基终于在梯弗里斯停下脚来。

高尔基在锻工组干了一个多月后，因为他有些文化，就被调到会计科干起了统计员的工作，专门负责记录统计“机车小修”材料的消耗情况。

纳恰洛夫把高尔基介绍给了他的朋友们，他们大多是梯弗里斯被判刑流放的政治犯。

高尔基在政治犯丹科家里租了一个房间。他在梯弗里斯生活了几乎一年，在这一年的各个季节，他利用假期走遍了高加索。高尔基在此期间收集到使他迷恋的这些地区的各种见闻。

1892 年春天，高尔基同自己的朋友机械工人费奥多尔·阿法纳西耶夫到了高加索东部的巴库。

巴库是俄罗斯的石油产地，但是石油工人的痛苦生活和油井老板为追求巨额暴利不择手段的做法，给高尔基留下了深刻的印象。

油田到处是肮脏的井架、管道，钻杆横七竖八杂乱无章地堆在地上、路旁。在沉重、灼热的空气中，飘荡着低沉的、“嘶嘶”的声音。十来个光着脊背的工人拽着一根绳子，在地面上拖着一块很厚的、带有铁链的厚重钢板，他们愁眉苦脸地喊着：“哟哎嗬！哟哎嗬！”

大滴的黑雨点儿落到他们身上。油井喷出很粗的黑柱，柱顶碰到浓厚的、带油的空气，就呈现出蘑菇头的形式；虽然从这个蘑菇头上向下流油，但是它好像在融化着，而体积并不缩小。在这一切里面，有一种可怕的、非现实的或者已经过于现实的、毫无意义的东西存在。

看见这个情景，高尔基的朋友阿法纳西耶夫说道：“我就算是饿死，也决不到这里来干活！”

同年夏天，高尔基又来到了黑海，参加了修筑诺沃罗西斯克公路。这里聚集了数千名遭灾省份的饥民。从表面上看，他们好像是在赈济饥民，而实际上却对饥民进行了极端残酷的剥削。看见他们的遭遇，高尔基感慨万分。

旅行使高尔基增长了许多知识，他更加深入地了解了人民的真实生活，为他后来的文学创作提供了丰富的生活素材。

从黑海回来，高尔基重新回到梯弗里斯，他在当地知识分子和青年工人之间认识了许多人，并同阿法纳西耶夫在新阿尔申纳尔街一间半地下室组织了一个学习小组。

高尔基和具有革命思想的工人和学生们有了接触。他在青年学生和工人积极分子中间进行宣传，他变成了小组中的宣传家，他的讲话的天才使新朋友们大为吃惊。

在这个阶段，高尔基认识了一个对他有决定性影响的人，这就是革命者秘密组织“民主党”的会员亚历山大·梅地福维奇·卡柳日内。

亚历山大·梅地福维奇·卡柳日内也是铁路局里的一个职员。由于他参加民意党的革命活动，曾坐过6年牢。他极有知人之明，他与高尔基结识后，发现了高尔基是个与众不同的青年。高尔基不仅阅读过众多的文学名著，还极其看重精神生活，喜欢对社会现象进行各种思索，卡柳日内很是欣赏他。

卡柳日内请高尔基到他家里去住。高尔基在漫长的晚上，对他的新朋友叙述了他的流浪生活中的全部遭遇，讲了他在铁路的冒险故事，也说到了自己的感受。

有一次，高尔基向卡柳日内谈到他在比萨拉比的流浪生活时，在吉普赛人的帐篷里，听到一个名叫

马卡尔·楚德拉的老吉普赛人讲的关于拉达和左巴尔的传说。

从高尔基绘声绘色的讲述中，卡柳日内看出高尔基具有非凡的才能，他认为对方是一个真正的文学天才。

卡柳日内把高尔基锁在自己的屋里，拿给他一支笔说："彼什科夫先生，你把你说给我听的故事写下来吧！"

高尔基吃惊地望着卡柳日内，一时没有反应过来。

卡柳日内从房间里拿出一叠纸，接着说："给你，纸。你要是不写好，我就不放你出去！"

对于写作这件事，高尔基从来不觉得困难，但是，他到底该写些什么呢，他的大脑里又反复地思索了一遍。

到现在为止，高尔基已经积累了很丰富的素材，漫游生活使他接近了各色各样的人物：在房屋地下室住的人，在作坊和轮船房舱里住的人，在农民的木头小屋和安适整洁的都市建筑里住的人，以及住茅草屋的人。他知道做一个捡垃圾的、当厨子的、画圣像的、做面包师傅的、码头工人、肩挑小贩和铁路工人都是什么滋味。

高尔基想，只要写下来，写自己，写自己亲眼所见的一切，写自己的感想，就行了。然而高尔基一提起笔，这一切的丰富素材就好像从他的记忆中消退了。他另外地写了一些字句，不是他自己的话而是模仿了英国诗人拜伦的诗，或者是那个意大利诗人莱奥巴尔弟的诗文。

卡柳日内当然不希望看见高尔基的这些诗文，他想要看到的是高尔基以自己的经历写成的小说故事。

但卡柳日内也明白这其中的缘故，于是他再次鼓励高尔基说："你应当把你看见的以故事的方式写出来，而不是以诗歌的方式表达。"

在这种情况下，高尔基重新将自己的诗歌修改成了一篇小说，他的第一篇小说《马卡尔·楚德拉》就此诞生。

卡柳日内把这部小说介绍给梯弗里斯的一家重要的报纸《高加索报》的编辑看，这篇小说立即引起了报社的极大兴趣。

高尔基被报社请进了报馆，报馆编辑部希望他提供一个小说的署名。他坐在编辑部，当场想出一个笔名：马克西姆·高尔基。

马克西姆是他父亲的名字，而“高尔基”在俄文中的意思是“最大的痛苦”。高尔基觉得，幸福往往孕育在痛苦之中，希望也是诞生在痛苦之中，所以他便以这个名字为命。谁也没有想到，这个名字后来竟震动了整个俄国和世界文坛。

1892 年 9 月 24 日，《高加索报》发表了署名为“马克西姆·高尔基”的小说《马卡尔·楚德拉》。这件事对于高尔基的意义非同小可：喜爱文学的青年高尔基破天荒地在报刊上发表了自己的第一篇作品，在文坛上迈出了坚实的第一步，这是他整个创作道路的开端。

后来，高尔基一直怀念他开始创作活动的城市梯弗里斯，念念不忘帮助他的卡柳日内。1925 年，57 岁的高尔基在致卡柳日内的信中写道：

我亲爱的朋友和老师，亚历山大·梅地福维奇·卡柳日内：

自从我有幸同您相识以来，已经过去了 34 年了；而从我们第二次也就是最后一次见面以来，也过去了 22 年了。

在此期间，我结识过数百人，他们之中有的是了不起的、卓越的人物。可是，请您相信：他们之中的任何人在我的记忆里与您相比都会黯然失色。

这是因为，亲爱的朋友，您是第一个像对待人一样对待我的人。

在我的记忆里，您第一个用您那温柔的使我永不能忘怀的目光看我，您不光是把我看做一个有奇怪经历的小伙子和漫无目的的流浪汉，而且还把我看做一种有用的、能够创造社会财富的人。当您在倾听我讲述我的所见所闻和我自己本人的经历时，我记住了您的眼睛。那时我就明白了，在您面前没有什么可吹嘘的。我觉得，正是由于您，我一生才未曾自我吹嘘过，没有抬高自己的身价，也没有夸大我饱经风霜的一生的痛苦。

我是说，您是第一个使我严肃地看待自己的人。我感激您使我走上为俄国的艺术服务的道路，在这条路上我已经走了 30 多年。

老朋友，我亲爱的老师，我紧紧地握您的手！

两次漫游俄罗斯使高尔基逐渐成熟起来，梯弗里斯的生活和学习工作奠定了他未来的文学创作之路。

陆续发表作品

1892 年 10 月 6 日，高尔基乘船北上，回到故乡下诺夫戈罗德，结束了他近两年的漫游生活。

他回到下诺夫戈罗德，仍在律师拉宁的事务所里担任文书工作。他住在拉宁家的半地下室里，白天的工作是抄写传唤文、诉状和上诉书，晚上便读书和写作。

在《马卡尔·楚德拉》这篇小说发表之后，高尔基便不再丢弃从事文学工作的念头。然而一次的成功还不能够决定他的事业，虽然他仍在不停地写作，可是他还是不能相信自己会成为一个真正的作家。

有一天，他以描写流浪汉的短篇小说《叶美良·皮里雅依》写了关于他和一名叫叶米良·毕拉伊的伙伴怎样沿着黑海海岸饿着肚子漂泊的故事。

高尔基的一位朋友读了这篇作品，悄悄把原稿带到莫斯科，送给了当地自由主义者的一份大型报纸《俄罗斯新闻报》。

1893 年 8 月 5 日，该报发表了这篇小说。此后，高尔基把其他几篇小说寄给喀山的《伏尔加河报》，也全都发表了。高尔基也为此得到了编辑部寄给他的一封颇为恭维的信和一笔大约 30 卢布的稿费。

《伏尔加河报》因为经常得到大作家柯罗连科的支持，成为伏尔加河地区最有影响的报纸。这以后，高尔基又在这个报纸上发表了小说《黄翅雀的故事》。

柯罗连科被高尔基的小说所感动，他很想跟这个笔名为“马克西姆·高尔基”的青年作家见上一面。

根据《伏尔加河报》主编的要求，高尔基以“马克西姆·高尔基”的身份前往柯罗连科的家。

柯罗连科仍然住在城郊的那个小木屋。高尔基一进去，柯罗连科便立即认出这个人就是几年前给他看过《老橡树之歌》的那个人。

柯罗连科连声赞扬了高尔基最近发表的小说：“我们刚读了你的《黄翅雀的故事》。你瞧，你的东西开始登出来了，我向你道喜！原来你很固执，老是写讽喻。说真话，讽喻也是好的，只要它俏皮。而且，固执也不是缺点。你写得很有独创性。虽然你的东西并不是完全安排得妥当，有点粗糙，可是总的看来，很有趣味。”

高尔基对柯罗连科说，自己还写了几个短篇，有一篇在《高加索报》上发表了。

柯罗连科很感兴趣地问：“怎么，你可带来给我看一看吗？”

高尔基害羞地说：“您看，我担心又像上次一样，得不到您的好评，就不好意思拿来了。”

柯罗连科哈哈一笑说：“瞧你说的，你写的东西都发表了，难道还有什么大的问题吗？”

接着，高尔基又跟柯罗连科聊起了自己的亲身经历，柯罗连科对他勇敢的精神大为赞扬。

临别时，高尔基迟疑了一下，向柯罗连科问道：“您认为我可以写作吗？”

柯罗连科有点诧异地大声说：“当然啊！你不是已经写了，而且发表了吗？要是你想听我的意见，你可以把稿子带来，我们详谈。”

高尔基如释重负。从此以后，他就不再去律师那里任职了，他把时间腾出来从事文学创作，为地方报纸写短篇小说。与此同时，柯罗连科也成为高尔基文学创作道路上具体的指导者。

如果说卡柳日内是指出高尔基应该走上文学创作这条路的人，那么柯罗连科便是这条路上的一位细心而严格的领路人。他唤起了高尔基极大的创作热情，他注意高尔基发表的每一篇作品，他的意见经常是简单而又肯定的。他劝高尔基不要只注意词句的华丽，不要把人物写得概念化、定型化，高尔基虚心地接受他的建议。

1894 年一个夏天的早晨，高尔基把他的一篇童话《渔人和仙女》和刚刚写好的短篇小说《阿尔希普爷爷和廖恩卡》拿去给柯罗连科看。柯罗连科当时不在家，高尔基就留下了手稿。第二天，柯罗连科就托人带来了一张字条："晚上请来谈谈。柯罗连科。"

当晚，高尔基如约到了柯罗连科的家。

柯罗连科详细地分析了高尔基的童话和短篇小说。他认为《阿尔希普爷爷和廖恩卡》写得不错；但那篇童话故事，他觉得高尔基写得太匆忙、太急促，有些地方甚至写得不够精细、不够鲜明。

最后，柯罗连科劝高尔基："你试试写一点更大的东西在杂志上发表。是该动手的时候了。他们会把你的东西登出来的，我希望你以后对待自己要更加严格些。"

高尔基回到家里，仔细回想了柯罗连科对自己说过的话。后来，他根据在乌克兰医院住院时的病友、敖德萨的一个流浪汉向他讲的故事，写了短篇小说《切尔卡什》。

两天后，他写好了，把草稿送到了柯罗连科那里。

柯罗连科看过了手稿，诚恳地祝贺高尔基说："你写了一篇不坏的东西。它简直是一篇真正好的短篇小说！真是一气呵成。你会塑造人物性格，你那些人照自己的意思、照自己的本性说话、行动。你善于不干预他们的思想潮流和感情冲动，这不是任何一个作家都能办得到的！你的成功之处就在于，你能够把所要描写的人物惟妙惟肖、不折不扣地反映出来。哦！我不止一次对你说过，你简直就是一个现实主义者啊！"

然后，柯罗连科又想了想，微笑着补充说："不过，你同时还是一个浪漫主义者呢！我要把《切尔卡什》发表在《俄罗斯财富》上面，而且放在头一篇，这是一种尊重和荣誉。”

《俄罗斯财富》是当时莫斯科的一种大型刊物，由生于贵族家庭的俄国社会学文学家米哈伊洛夫斯基主编。

高尔基的《切尔卡什》能够被刊登在《俄罗斯财富》上，说明他在文坛上的地位已得到柯罗连科和米哈伊洛夫斯基承认。

由于高尔基在下诺夫戈罗德的生活非常贫困，柯罗连科建议他离开故乡，到《萨马拉日报》去工作。

《萨马拉日报》创刊于1880年，创始人是一名退役的轻骑兵。1894年，该报纸因经营不善不得不转手卖给了科斯杰林。新老板聘用了阿舍绍夫做主编。阿舍绍夫是因政治观点触怒了当局，而被从莫斯科赶出来的新闻记者。他在萨马拉落脚之后，就着手改组《萨马拉日报》。

柯罗连科在伏尔加河流域新闻界是很有威望的，阿舍绍夫便请他帮助自己撰稿，柯罗连科就利用这个机会，把高尔基推荐了过去。

1895年2月22日，高尔基告别了柯罗连科，告别了自己的家乡，来到伏尔加河南部的城市萨马拉。从此，写作成为了他一生的事业。

在萨马拉日报社，高尔基每天的工作是负责报纸的“速写与随笔”专栏，每月50个卢布；如果亲自撰稿，每一行文字再另付两个半戈比。

“速写与随笔”专栏是由省内各家报纸剪辑而成，由专栏负责人以评论将其连缀起来。报纸归纳分析俄国现实生活中的事实，给读者提供一篇类似内部短评的东西。这对高尔基来说是一个新的领域，他花了很多心思去琢磨。

高尔基在这个专栏增添了一种新的从来没有过的文体——小品文。在评论各报刊的时候，他常常抨击萨马拉地方上那些权贵和豪绅，毫不掩饰地为劳动阶级的青年、仆人和穷苦者仗义执言。

几个月后，《萨马拉日报》的小品文“漫谈”专栏也移交给了高尔基。1895 年 7 月 14 日，高尔基开始用叶古杰尔·赫拉米达的笔名在《萨马拉日报》“漫谈”专栏中专门写小品文。

用这个笔名发表的文章，同高尔基的小说比起来，虽然写得粗糙一些，但这些文章无情地讽刺、抨击俄国社会现实的黑暗面，磨炼了他犀利的政论文笔。

在萨马拉日报社工作期间，他除了每天必须写一篇新闻小品，一周发表一篇文艺作品外，他还用自己丰富的生活经历中汲取小说的素材，写成了《结局》、《木筏上》、《伊则吉尔老婆子》、《鹰之歌》、《有一次，在秋天》、《游街》、《金扣子事件》等著名的短篇小说。

在这些作品中，高尔基的思想向着深刻、成熟更进了一步。

在此期间，高尔基的生活十分紧张、充实。夜晚的行人走过冷清的伏兹涅辛斯基大街，透过高尔基地下室的窗户，能看到淡黄色的灯光下，有一个伏案写作的人，这就是高尔基，他常常夜以继日勤奋地工作着。

高尔基在萨马拉干了整整一年，在这里他认识了《萨马拉日报》的 18 岁的校对员女孩卡杰琳娜·巴甫洛芙娜·伏尔茬娜，他们深深地相爱了。

当时，能在《萨马拉日报》上发表文章的，除了柯罗连科外，还有加陵·米哈伊洛斯基、马朋·西比里亚克等俄国的知名作家。高尔基和他们的名字并列在一起，大大地提到了他的知名度。

一年之后，高尔基成为了众所瞩目的作家，伏尔加河一带的所有报纸都争着聘请他参加他们的编辑部。

高尔基最终接受了《下诺夫戈罗德报》的邀请，再次回到了故乡，从事该报的编辑工作。

轰动俄国文坛

1896 年春，全俄工业展览会在下诺夫戈罗德开幕。这次展览会的目的，是向整个欧洲显示俄国的成就和力量。

在一块紧挨着贫民窟的荒地中，搭起了一座一座漂亮的陈列馆，里面摆放着各种各样的棉织物、麻绳、神像、彩瓷、锦缎、铁耙、皮革等物品。

一群穿着民族服装的牧人吹奏着“光荣，光荣，我们俄罗斯的沙皇”的调子，一只双头的金鹰的国徽在会场上放射着耀眼的亮光，空中停泊着无数的气球。俄罗斯沙皇尼古拉二世亲临会场主持开幕式。

大大小小的报纸上整版地报道了展览会的“盛况”，大肆鼓吹俄罗斯帝国的力量。

对于这场展览会，高尔基也发表了许多文章，但他的文章却似一份份严峻的起诉书。他在描述展览会展出的油、金子、皮革生产的同时，也写到了采油工人、淘金工人、制革工人的痛苦生活，向读者展示出一幅幅真实生动的生活画面。

就在这个时期，高尔基创作了一些反映流浪汉和下层人民生活的著名短篇小说，如《在草原上》、《沦落的人们》、《柯诺瓦洛夫》和《曾经是人的动物》等。他的这些作品表明，下层人民的痛苦生活是俄国统治阶级剥削所造成的结果。

高尔基的名字越来越引起沙皇政府的注意。在梯弗里斯，有一个名叫阿芳拉赛夫的工人被捕了，他是一个革命者。在这个人的住所里，警察搜到了一张高尔基的照片。

高尔基再一次被逮捕了，他被从故乡下诺夫戈罗德押到梯弗里斯，关进关押政治犯的专门牢狱麦特赫堡。几天之后，虽然宪兵方面极力想把高尔基拉进阿芳拉赛夫的案件中，但除了一张照片，他们再也找不到任何罪证，只好将高尔基释放。

高尔基回到了下诺夫戈罗德。此后，他的住宅周围，经常出现奇奇怪怪的人在此徘徊。

这年8月，高尔基前往萨马拉，同心上人伏尔荏娜举行了婚礼。第二年，他们有了一个儿子，他便是高尔基的独生子马克西姆。

由于多年饥寒交迫的流浪生活，加上报刊工作的劳累，新婚不久的高尔基就病倒了。10月，他病在床上3个多月，医生劝他去南方治疗。他先在克里米亚住了一些时候，接着到了乌克兰，在一个恬静的村庄玛努伊洛夫卡休养。康复后，他又回到了下诺夫戈罗德城。

回到故乡，高尔基为下诺夫戈罗德城的穷苦孩子们筹划一个圣诞集会。他的房间里堆满了各色各样的袋子、匣子，那是给孩子们准备的节日礼物；到处是一卷一卷的布料，高尔基请来的裁缝们正在给孩子们赶制衣服。

圣诞节到了，高尔基为孩子们准备的圣诞树是巨大的，五彩的灯射出欢快的光芒。大约500个贫苦的孩子都应邀参加了这规模空前的圣诞晚会。

在新年来临的时候，高尔基还想到了农村的孩子们，他把杂志上的一些图片剪下来，订成册子，给农村的孩子们看。

高尔基也没有忘记给那些通常被称作流浪汉的人们。在一座全城闻名的圆柱厅的建筑里，高尔基为他们办了一所白天的休息所，在那里有一个图书馆和一架钢琴。流浪汉们在那里可以觉得自己又过上了“人”的生活。

1898年，对于高尔基来说，是一生中具有重大意义的一年。这一年，高尔基摆脱了紧张的报馆工作，开始了专职作家的生涯。

此时，有人建议他把自己几年来写的小说编成两卷单行本，但一些出版商认为这是一个冒险的行为。后来，两位出版商陀罗瓦托夫斯基和查鲁什尼可夫同意出版高尔基著作的单行本。

同年三四月份，高尔基从自己的700多篇作品中选出20余篇作品，出版了《特写与短篇小说集》第一卷和第二卷，每本10篇。选集在10个月内售完6000多册，一下子轰动了整个俄国文坛。

第二年，高尔基的两卷集再次出版，同时还增加了第三卷。不到一年，三卷集又销售一空。这在俄国出版界是从未有过的大事。要知道，这些作品只不过在省报上刊登过而已。

整个俄国知识界都在纷纷议论这颗文坛新星。三卷集包括了高尔基早期有名的作品。它的出版给高尔基带来了真正的声誉，这也是俄国文学史上的一件大事。这些作品很快被译成欧洲各国的文字。高尔基的名字越出了国界，从此成为了闻名欧洲的大作家。

1899年，高尔基的声望已经非常大了，他在首都举办了庆祝创作的文学晚会，做了关于他的演讲，撰写和出版了关于他的小册子。当巡回展览会上出现了列宾画的高尔基的一幅肖像画时，这幅画就成了展览会上"最精彩的东西"。青年人怀着关切、崇敬的心情围拢来注视这位新作家的面容。

随着高尔基的成名，他先后认识了许多俄国作家，如契诃夫、托尔斯泰等。

高尔基和契诃夫的友谊，与柯罗连科一样，也是在对文学创作的切磋中发展起来的。契诃夫是一位艺术造诣更高、要求更严格的作家。1899年，高尔基把自己的两卷集送给了契诃夫，并开始同他通信。高尔基认为契诃夫是"一个巨大的独特的天才，一个在文学史上和社会风尚上的划时代作家"。

契诃夫也肯定了高尔基的成就，同时也指出了高尔基的不足之处。他认为，高尔基"确实有才气而且是真正的、巨大的天才。例如你的《在草原上》这篇作品就表现了非凡的天才，这篇作品不是我写的，它使我不胜羡慕。你是艺术家，很聪明，你有敏锐的感觉。你善于雕塑造型，这就是说，当你描写东西的时候，你是看得见它和用手摸得着的。这是真正的艺术。”

1900 年，高尔基又见到了自己在 11 年前就想见到的大作家托尔斯泰。他兴奋地给契诃夫写信描述了内心的激动：“一看到他，就非常愉快地想到自己是一个人，并且意识到，一个人也可以成为列夫·托尔斯泰的。”

契诃夫建议高尔基离开故乡去莫斯科或彼得堡居住，他认为这对于高尔基的创作会更有益。同一年，高尔基来到了彼得堡，他与新出版的《生活》杂志取得了联系，积极参加该杂志文艺栏的组织工作，并在该刊物上发表了一系列的作品，如《福马·阿尔杰耶夫》、《三人》、《基里尔卡》、《二十六个和一个》等。

这些作品中，《福马·阿尔杰耶夫》是一部长篇小说，它成功地暴露了俄国资本家的罪恶本质，高尔基从此得到了更多的拥戴，也招致了许多人的恐惧和仇恨。

《福马·阿尔杰耶夫》以连载的形式在《生活》杂志上发表后，成为轰动一时、争相传阅的作品。

也是从这时起，高尔基引起了许多西欧文学家、批评家的注意。

在这之前，高尔基都是以写作短篇小说而出名的，《福马·阿尔杰耶夫》的问世，意味着他在创作道路上“百尺竿头”更进了一步。

受到沙皇迫害

19世纪末到20世纪初是俄国人民反对沙皇专制斗争蓬勃发展的年代，高尔基的思想在这一时期发生了很大的变化。

在彼得堡，他密切地关注着国家的政治活动，注视着国民的政治生活。与此同时，他还接受了社会民主党地方组织的委托，开始撰写传单，收集民间流传的禁书，大力倡导工人运动，并把自己同日益发展的工人运动联系起来，形成以文学为手段的革命运动。

20世纪初，俄国受到欧洲爆发的工业危机的影响，有多家企业倒闭，10万多工人被解雇。工人失业，农民破产，工人运动大规模地开展，并逐渐由经济斗争转入到政治斗争。

工人们成群结队地走上街头，喊出了“打倒沙皇专制”的口号。

在这种情形下，工人运动领导人列宁认为，必须建立一个新型的马克思主义政党，这样才能使广大人民群众走上正确的道路。

1900年12月，列宁在国外创办了报刊《火星报》，刊头引用的是12月党人答复普希金的诗句“行看星星之火，燃成熊熊之焰”作为题词。列宁通过这份报纸，用革命理论来武装工人，领导他们同沙皇做斗争。

农民的斗争，工人的罢工，学生的罢课，各种力量融合在一起，共同抗击着沙皇政府的反动统治。

高尔基成为反对沙皇统治的文化主将之一。他开展广泛的文化活动和政治活动，积极投入到工人阶级的革命运动中。列宁《火星报》创刊以后，他从这个报刊中找到了革命的方向和斗争的力量。因为高尔基本人参加了革命实践，又接受了列宁的革命思想，他的文学创作逐渐与无产阶级的革命斗争紧密地联系起来，进入了一个新的阶段。

1901 年 2 月，高尔基在彼得堡参加了俄国作家协会为了纪念农奴解放 40 周年而举行的特别会议。在这次大会上，高尔基发表了抨击沙皇政府的尖锐演说。

同年 3 月 4 日，高尔基又参加了在彼得堡喀山大教堂附近举行的学生示威游行，他亲眼目睹了沙皇宪警残暴地冲散学生的游行队伍、野蛮地殴打和镇压游行的群众。他无比愤慨，在彼得堡文艺工作者反对沙皇的抗议书上签了名，支持群众的革命斗争。

3 月 12 日，高尔基回到了故乡下诺夫戈罗德。他预感到革命风暴即将到来，他根据自己在彼得堡的经历，结合当时的革命斗争形势，为《生活》杂志写了一篇既带有象征意义又充满激情的短篇小说《春天的旋律》。

这篇小说的大意是说：当春天即将来临的时候，在作者窗外的花园里，有一群鸟儿在自由地交谈着。它们谈论的话题是关于“大自然即将苏醒”、“自由”和“宪法”等。

其中，“七等文官老麻雀”是个自由主义者，它曾经也梦想过自由与宪法，它轻轻地喊过“自由万岁”，但立即又大声地补充一句“在法律限制的范围以内”。

“令人尊敬的老乌鸦”讲话一向那么简短扼要，它总是叫着“呜哇——是事实！”“呜哇——是事实！”既持重，又肯定。

“告密者年轻的大公鸡”则“本着职分所在”，“要细听栖息于空中、水里和地下的一切生物的谈话，并且严密注意他们的行动”。

高尔基特别注意刚飞来的一群金翅雀，因为它们希望整个大自然快点苏醒。

“四等文官灰雀”闻到空气里有股什么气味，它在打牌的时候，听到一只“世袭的可敬的鸱鸮 ”也讲过同样的话，表示要察看，要追究，要“弄个明白”。

这时，“诗人云雀”飞来了，它预言到黑夜即将消逝，曙光正在微笑，“我要迎接朝阳，迎接清晨，迎接光明和自由”。

不用说，“四等文官灰雀”和“告密者年轻的大公鸡”是都瞧不起云雀的，灰雀甚至骂它是“一只灰色的下流货”。而在花园的角落里，有一群金翅雀坐在老菩提树的树枝上，听着其中一只唱着它从什么地方听来的带有鼓动性的关于海燕的歌。

高尔基写的这篇作品把鸟儿拟人化，而且对其中某些鸟儿加上官衔和称号，用来讽刺俄国社会各阶级的代表人物和抨击沙皇统治。由于沙皇书报检查机关的阻挠，杂志社只刊出了小说结尾部分的诗歌，这就是高尔基著名的作品《海燕之歌》。

在苍茫的大海上，狂风卷集着乌云。在乌云和大海之间，海燕像黑色的闪电，在高傲地飞翔。一会儿翅膀碰着波浪，一会儿箭一般地直冲向乌云，它叫喊着，就在这鸟儿勇敢的叫喊声里，乌云听出了欢乐。在这叫喊声里充满着对暴风雨的渴望！

在这叫喊声里，乌云听出了愤怒的力量、热情的火焰和胜利的信心。

海鸥在暴风雨来临之前呻吟着，呻吟着，它们在大海上飞窜，想把自己对暴风雨的恐惧，掩藏到大海深处。

海鸭也在呻吟着，它们这些海鸭啊，享受不了生活的战斗的欢乐：轰隆隆的雷声就把它们吓坏了。

蠢笨的企鹅，胆怯地把肥胖的身体躲藏到悬崖底下，只有那高傲的海燕，勇敢地，自由自在地，在泛起白沫的大海上飞翔！

乌云越来越暗，越来越低，向海面直压下来，而波浪一边歌唱，一边冲向高空，去迎接那雷声。雷声轰响。波浪在愤怒的飞沫中呼叫，跟狂风争鸣。看吧！狂风紧紧抱起一层层巨浪，恶狠狠地把它们甩到悬崖上，把这些大块的翡翠摔成尘雾和碎末。

海燕叫喊着，飞翔着，像黑色的闪电，箭一般地穿过乌云，翅膀掠起波浪的飞沫。

看吧！它飞舞着，像个精灵，高傲的、黑色的暴风雨的精灵，它在大笑，它又在号叫，它笑这些乌云，它因为欢乐而号叫！这个敏感的精灵，它从雷声的震怒里，早就听出了困乏。它深信，乌云遮不住太阳，是的，遮不住的！狂风吼叫，雷声轰响。

一堆堆乌云，像青色的火焰，在无底的大海上燃烧。大海抓住闪电的箭光，把它们熄灭在自己的深渊里。这些闪电的影子，活像一条条火蛇，在大海里蜿蜒游动，一晃就消失了。

暴风雨！暴风雨就要来啦！

这是勇敢的海燕，在怒吼的大海上，在闪电中间，高傲的飞翔；

这是胜利的预言家在叫喊：让暴风雨来得更猛烈些吧！

高尔基通过描绘出一幅暴风雨到来前的气势雄伟的自然景象，以借景托情的手法酣畅淋漓地抒发了无产阶级准备投入战斗的豪迈情怀。高尔基把暴风雨直接同革命联系起来，庄严宣告，革命的暴风雨就要来临，并号召人民起来参加战斗！这说明，他在塑造英雄形象的探索中，又前进了一步。

与此同时，高尔基还以鄙夷的笔调写了一些海鸟——海鸥、海鸭、企鹅。当暴风雨即将来临之际，它们吓得惶恐不安，有的呻吟着，有的在大海上飞窜，有的畏缩着躲藏在峭崖底下。在它们身上，人们看到了革命风暴到来之前惊慌失措、悲观失望、企图向敌人妥协投降的资产阶级政客和小市民的丑恶嘴脸。

高尔基的《海燕之歌》是当时无产阶级革命风暴即将来临时那种革命气氛的最生动的反映。它问世后，对俄国和世界各国无产阶级的革命斗争起过巨大的宣传鼓动作用。它立即成为革命人民与沙皇进行斗争的有力武器。这部作品的发表，给高尔基带来了更大的声誉。这时高尔基的世界声誉已经无可辩驳地形成了。

对于高尔基的战斗檄文，沙皇政府当然不肯就此罢休，他们首先封闭了《生活》杂志。不久，高尔基也因为替工人购买革命宣传用的油印机一事，被关进了下诺夫戈罗德监狱的第四层塔楼里。

高尔基被当做一个危险的犯人受到特别的迫害，当局禁止他与外界的一切来往，还对他施用种种酷刑。监狱的迫害使高尔基又一次病倒了。

高尔基在监狱中生病一事，激起了人民群众的义愤，抗议之声遍及整个俄国。已经是 70 岁高龄的托尔斯泰也出来为这位生病的作家说话。

政府不得不作出让步，他们从监狱里放出了高尔基，把他禁闭在家里。

尽管这样，沙皇政府仍然害怕高尔基与地下党、工人以及革命学生发生联系，他们对他采取了更严厉的监管手段：在高尔基的寓所厨房里，他们派了一个警察，在过道里也有一个警察。高尔基只有在其中一个警察的监视下才

能上街办事。

这年9月，沙皇政府又把高尔基放逐到一个毫无生气的小城市。但此时高尔基的病情已经十分严重了，医生认为病人必须去南方治疗。政府准许高尔基到克里米亚小住治疗。

在高尔基临行前，当地的革命青年巧妙地组织了一次示威游行来为高尔基送行。

高尔基来到车站的时候，站台上已经聚集了许多学生和工人，群众高唱着革命歌曲，与他们敬爱的作家告别。

警察命令车子提前开走。火车在口号“高尔基万岁！”“言论自由万岁！”“打倒专制主义！”声中离开了车站。

对于群众为高尔基在车站送行事件，列宁在《火星报》上发表了一篇题目为《示威游行开始了》的文章。他在文章中写道：

> 11月7日，下诺夫戈罗德这次规模不大的然而是成功的示威，是为了给马克西姆·高尔基送行而举行的。
>
> 专制政府不经审讯，就把这位全欧洲闻名的作家驱逐出他的故乡。有一位在下诺夫戈罗德示威游行时发表演说的人说得很对，这位作家的全部武器就是自由的言论。
>
> 沙皇的爪牙在暗中胡作非为，我们一定要把这种行为暴露于光天化日之下……

在克里米亚，高尔基和早先在此等候他的契诃夫、托尔斯泰等人相聚在一起。

契诃夫给高尔基介绍刚刚组建不久的莫斯科艺术剧院的青年文艺工作者们。

高尔基对大家说：“朋友们好，见到你们很荣幸！”后来，他不顾自己肉体上的病痛为艺术剧院创作了他第一个剧本《小市民》。

《小市民》描写的是帝俄时代小市民别斯谢苗诺夫一家过着空虚生活的故事。

老别斯谢苗诺夫是一个专横顽固、愚昧无知、害怕新生事物的保守人物。他是一个保守的小市民的典型。

他的儿子和女儿则是“文明的”市民。他的儿子虽然表面上不满意他的家庭，还有社会，而且因为参加学潮被学校给开除了，但是他很快就感到后悔了。他的女儿则苦闷无聊，想自杀又没有成功，也渐渐地和她的父亲妥协了。

别斯谢苗诺夫父子之间的冲突是表面的、不真实的。剧本的真正冲突是这一家人和养子工人尼尔之间的冲突。火车司机尼尔是剧中的主要人物。他乐观热情，有坚定的革命信念，深深相信工人阶级一定会成为生活的主人。因此他说：“谁劳动，谁就是主人。”

尼尔富有改造生活的激情，宣称“没有不变的火车时刻表”。他也知道，要通过斗争才能够改变现存的制度。因此他说：“权利不是给的，而是争来的。”

尼尔是俄国文学，也是世界文学中第一次出现的革命无产者形象。不过，高尔基只写了他同这一家人所进行的斗争，还没有能在革命斗争的典型环境中展示他的性格。

高尔基的这个剧本通过剧中火车司机尼尔之口，鼓励劳动者做自己的主人。

《小市民》在莫斯科艺术剧院上演，由著名戏剧家斯坦尼斯拉夫斯基扮演尼尔。虽然沙皇政府对此剧本大肆砍伐，但演出仍取得了巨大成功。

1902 年，高尔基的这个剧本获得了当时俄国最高荣誉的文学奖金，即格立鲍叶笃夫文学奖金。

2 月，高尔基在克里米亚养病的时候，又发生了一个插曲：科学院选举高尔基为科学院名誉院士。

警察局气急败坏地把这件事上呈沙皇。

沙皇尼古拉二世在一份记载着高尔基当选为名誉院士的报纸上，写下了如下的批语：

此事荒唐之至。

随后，沙皇在给教育大臣的一封信里，又这样写道：

当兹骚扰之世，科学院所选举者，竟乃此类之人物。予于全部事件极为愤慨。

几天后，高尔基的名誉院士被撤销了，这引起了俄国知识界的愤慨。大作家契诃夫和柯罗连科毅然抛弃了他们自己名誉会员的称号，以示抗议。

列宁的《火星报》撰文也为高尔基打抱不平，文中称他是“抗议群众的天才代表”。

沙皇政府终于控制不住对高尔基的恐惧，在5月，将高尔基流放到阿尔扎马斯。

发表戏剧佳作

阿尔扎马斯是下诺夫戈罗德南部的一个城市，在这里，居住的多是退休的公务员和教士，其余的都是在本地做小买卖的商人。

沙皇政府把高尔基流放到这里的原因是为了使他不再宣传革命。高尔基住在一所有花园的木头房子里边，给契诃夫的信中这样写道：

这儿很安静，空气也可人意。到处是园林，夜莺在园里歌唱，特务们却在灌木间藏着。我想，夜莺是每一个园子都有的，而特务大概只是在我的花园里才有的。在夜晚的暮色中，他们坐在我的窗下，希望偷看我怎样把叛乱传播给俄罗斯。他们假若发现不了什么，就要嘀咕几句，并且恫吓我家里的人。

高尔基做的每一件事，警察都会产生怀疑。勇敢的高尔基有时候竟然故意和坐在他窗下的特务打招呼，来揭穿他们身份。

有一次，高尔基曾和窗下的特务进行过这样的交谈。

高尔基问："你是他们派来监视我的，是不是？"

特务说："您误会了先生，这怎么可能呢？"

高尔基继续问："你在说谎，你不是一个特务吗？"

特务说："我真的不是，上帝可以作证。"

高尔基岔开话题："你干这个职业已经好久了吧！"

特务一下子就露馅儿了，他回答说："不，才不久。"

尽管高尔基受到这个特务的监视，但在他流放生活中却并没有与革命断绝联系。

他写的《在底层》所描写的是被疯狂发展起来的资本主义从正常的生活轨道中抛掷出去的一些人。他们像野兽一样栖身在城郊柯斯狄略夫夜店里。这里有小偷、妓女、落魄的男爵、戏子、锁匠、鞋匠、做帽子的工人及搬运工人等。他们被剥夺了常人的生活权利，失掉了爱情和自由，被活活地埋葬在这个已被烟熏得乌黑的地窖一样的地下室里。这个夜店存在的本身，就是控诉资本主义制度犯罪的物证。

这部作品是高尔基 20 年来观察流浪汉生活的真实写照。剧本告诉人们，像专制俄国这样摧残和压迫人的社会制度，是不能存在下去的。这是剧本的革命意义，它是对资本主义社会的严厉控诉，剧本启发人们“真理才是自由人的上帝”。

此后，高尔基同俄国社会民主工党的革命活动联系得更为紧密，他经常同一些马克思列宁主义小组有来往，还毫不畏惧警察的严密监视和迫害，对列宁主办的《火星报》给予大力的帮助，并为《火星报》筹集资金。

12 月，高尔基的第二部戏剧《在底层》在莫斯科艺术剧院上演。这部戏的上演，同样受到沙皇政府的无情压制。但它上演后引起的轰动是史无前例的，它是高尔基最优秀、社会影响最大的一个剧本。1903 年 1 月，这部戏在国外的演出同样引起了轰动，很快演遍了欧洲各国。

1904 年，他接着创作出了《避暑客》。11 月，高尔基亲自出席了在彼得堡的科米沙尔热夫斯卡娅剧院进行的《避暑客》的首演。

1904 年 12 月，高尔基决定并开始着手建立一个新剧团，这个具有重大政治意义的戏剧团体，将会更好地配合高尔基完成一些斗争的任务。然而，这之后在彼得堡发生的“流血星期日”惨案，阻止了这一切的进行。

反对专制暴政

1904 年 2 月，俄国沙皇尼古拉二世穷兵黩武，为了扩大俄国的势力范围，在中国的东北同日本进行了一场帝国主义战争，史称“日俄战争”。战争以俄国的失败而告终。俄国太平洋舰队几乎全军覆没，数万官兵伤亡；中国东北的一条由俄国参与修建的铁路南满铁路、中国的旅顺和大连，以及俄罗斯最大的岛屿萨哈林岛的南部，根据《朴茨茅斯条约》出让给日本。

“日俄战争”的失败进一步暴露了沙皇专制政府的腐败和无能，同时也加速了革命的进程，各处工人罢工，海陆军哗变，农民暴动，各种党派团体蓬勃兴起。

1905 年 1 月 9 日，彼得堡的工人们怀着向沙皇寻求保护的想法去冬宫游行，他们抬着沙皇的画像，举着教堂的旗帜，唱着祷告的歌曲，带着致沙皇的请愿书向冬宫走去。请愿书中写道：

> 我们，彼得堡的工人，偕同我们的妻室儿女和老弱父母，特来向沙皇请求公道和保护。我们生活困苦，倍受压迫，担负繁重不堪的劳动，忍受着欺凌和种种非人的待遇。我们再也不能忍耐，我们活到了可怕的时刻，宁死也不能继续忍受下去。

然而，沙皇尼古拉二世派出了军队，枪杀了这些手无寸铁的工人。这一天，有 1000 多工人被击毙，2000 多工人受伤。

这就是俄国历史上有名的“流血星期日”惨案，这一事件标志着俄国革命风暴的来临。

高尔基是在这个“流血的星期日”的前三天到达彼得堡的。在这个惨案发生的时候，他听到了开枪的信号，听到了人们发自内心的愤怒斥责，亲眼目睹了这幕流血惨剧。

高尔基被这大屠杀的场面深深震惊了，他回到住所，立即写了《致全国公民及欧洲各国舆论界的控诉书》。

在这份《控诉书》中，高尔基痛斥彼得堡大街上发生的事件是一场有预谋的凶杀，他大胆地揭露凶杀的主犯就是俄国沙皇尼古拉二世。他在《控诉书》的最后强硬地声明：

> 我们再不应容忍这种社会制度了，我们要唤起全国人民，以迅速的手段、坚毅的精神，团结奋斗，一致反对专制政治。

当晚，高尔基在自由经济学会会址发表了演说。演说中，他指出“流血的星期日”事件意味着俄国革命的开始。

高尔基当场为蒙难者及其家属募捐，并散发了自己带头签名的募捐书和《控诉书》的复件。

同一天，他在写给妻子的信中说：“就这样，俄国革命正式开始了。我的朋友，为此我向你表示真诚而郑重的祝贺。虽然一开始有些人便牺牲了，但他们的牺牲不是没有价值的，因为历史正在改变颜色，变成新的鲜红的颜色，那是用鲜血染成的。”

第二天晚上，控诉书的手稿，落到了沙皇警察的手中。他们认出这是高尔基的笔迹。

高尔基再次被捕了，并于1月12日被押解到彼得罗巴甫洛夫斯克要塞，关进了俄国最大的一所关押国事犯的监狱——特鲁别茨克棱堡的单人牢房。

面对沙皇官员的问话，高尔基承认了自己是草拟《控诉书》的执笔者，并且独自承担了全部责任。

高尔基的这一次被捕，轰动了全欧洲，因为此时他已经成为一个全欧洲闻名的作家了。

德国报纸给俄国内务部长寄出了一封由269名德国作家、科学家、艺术家和社会活动家签名的信，要求释放高尔基。法国著名人士雕塑家罗丹、作家法朗士、白里安等也联名电慰高尔基。

法国作家法朗士在巴黎大会上的一句话说出了群众的心声，他说："高尔基不仅属于俄国，而且属于整个世界，全世界都应当起来保护他。"

法国《人道报》收集了大量科学家、艺术家和作家的签名，抗议逮捕高尔基。

美国舆论界对于俄国同日本作战及压迫本国人民的行为也极为反感。"流血星期日"惨案发生后，高尔基引起了很多人的同情。美国许多报纸也都参加了援助高尔基的活动。整个西欧舆论界甚至为抗议高尔基被捕举行了一次示威游行。

此时的俄国刚被日本打败，威望一落千丈，加之国内财政困难，希望外国能给予援助，所以对各国的舆论不能不有所顾忌，沙皇政府只好再次让步。

高尔基假释，但条件是必须交10000卢布的保证金；假释期间不得外出，随时在彼得堡听候审讯。

即使是在监狱里，高尔基还是写了新的剧本《太阳的孩子们》和《野蛮人》。

高尔基患有肺病，在被关押期间，他的肺病又严重起来。出狱之后，他不顾当局的限制，再次去克里米亚养病，但是他还是被那些宪兵们严密地监视着。

但就算是这样，高尔基还是与布尔什维克党取得了联系。

这年4月，列宁的助手勃鲁耶维奇受列宁的委托来拜访高尔基。他们决定把高尔基和其他几位《知识》出版社的著名作家的作品拿到国外出版，用来资助布尔什维克党。

夏季，高尔基移居到芬兰，他在那里享受到的政治权利要相对大一些。高尔基在这里可以经常会见一些朋友，其中有著名画家列宾、批评家斯达索夫、作家安德列夫等。

9月，高尔基来到了莫斯科。这时的俄国革命风暴已经席卷了全国，全俄政治罢工和莫斯科武装起义把俄国的革命推向了高潮。

在高尔基的大力协助下，布尔什维克党的第一份秘密报纸《新生活报》创刊了，从第六期起该报的编辑便是从国外回来的列宁。

11月，高尔基应邀秘密地去彼得堡会见列宁。11月27日，列宁和高尔基第一次会见。高尔基向列宁讲述了莫斯科工人的革命热情，参加了布尔什维克党中央委员会的会议，并正式加入了布尔什维克。

12月，布尔什维克开始在莫斯科组织武装起义，当时斯大林在外高加索也发动了起义。高尔基一直住在莫斯科，为起义者提供资金和机器。

莫斯科武装起义失败了。1906年1月，高尔基写了《致全国工人的信》，这封信的打印稿传遍了整个俄国。高尔基在信中写道：

> 无产阶级虽然遭到了损失，但并没被敌人打败。革命已被新的希望巩固起来，革命的力量已经充分地成长起来。俄罗斯无产阶级正在向着决定性的胜利前进。因为它是唯一一个思想坚定、自觉、对俄国未来充满信心的阶级。

起义失败后，高尔基时刻会被逮捕。于是，1906年2月，高尔基第一次离开了自己的祖国，到异国他乡去了。

流亡中的使命

1906年，高尔基秘密从俄国出发，经过瑞典，来到了德国首都柏林。这时的高尔基在德国早已是万人瞩目的焦点人物。

早在1901年，德国出版界就曾发生了6家出版商同时争着出版高尔基文集的事情。1903年1月，高尔基的剧目《在底层》在柏林上演时，再次取得了极大的成功。1905年，当高尔基在狱中患病时，德国报纸曾发出了一封有269名德国名人联合签名要求释放高尔基的信。

如此种种，使高尔基到柏林，获得了德国人民的空前欢迎。

为了迎接高尔基的到来，德国戏剧界的权威剧作家马克斯·莱因哈特专门组织了一场以高尔基剧目为专题的公开演出，各个图书馆里悬挂着高尔基的大幅照片，把他的书陈列在临街醒目的橱窗里。

高尔基亲自来到戏剧院答谢观众，当他的身影出现在舞台上的时候，观众一起起立向他致意，并高呼万岁。

高尔基把演出所得全部捐献给了国内的布尔什维克，用于革命事业。

高尔基还会见了德国社会民主党的领袖李卜克内西、倍倍尔和考茨基等人。德国人民把他作为俄国革命的象征，而不仅仅是一位作家来欢迎。高尔基作为一个热情的宣传者、革命家深深地留在了德国人民的记忆中。

接着，高尔基离开德国，经过瑞士，来到了法国。高尔基到法国是要完成一项艰巨的任务的，他的使命是阻止法国政府借款给俄国政府。因为俄国政府借款的目的是帮助沙皇政府在日俄战争失败后渡过难关。他的任务就是呼吁法国舆论反对给予沙皇政府帮助。

1906 年 4 月 9 日，法国《人道报》发表了高尔基的呼吁文章，标题是《不给俄国政府一文钱》。

这份呼吁书得到了法国“俄罗斯人民之友协会”的大力支持。尽管法国银行遭到这样的抗议，但在政府的支持下，他们仍然同意借款。

于是，愤怒的高尔基伤心地离开了法国，前往美国。

因为他在美国的影响也很大，所以沙皇俄国驻美大使馆费尽心机阻止高尔基来美。他们利用美国法律禁止无政府主义者入境的理由，阻止高尔基去美国。

由于他们很难把高尔基算做无政府主义者，所以这一阴谋没有得逞。在马克·吐温的帮助下，高尔基顺利进入了美国国境。

高尔基一到纽约，就受到各方面的热烈欢迎，数百艘满载着新闻记者的快艇离岸去迎接他所乘的轮船，许多家美国报纸的头版头条都刊登了他到达美国的消息。

以著名作家马克·吐温为首的一家作家俱乐部还为高尔基举行了欢迎的盛宴。

高尔基举行了群众大会，为俄国革命募集资金。他的行动不断引起俄国驻美大使馆的恐慌。

俄国驻美大使馆又使出了新的花招。他们收买了黄色报纸，大肆诽谤高尔基，说随高尔基来美国的那位夫人不是他合法的妻子。

原来，当高尔基和妻子伏尔荏娜的婚姻在维持了 7 年之后，他们的感情便出现了问题。此后，高尔基又爱上了一名叫做安德列耶娃的女子。

安德列耶娃精通几个国家的语言，而高尔基只懂俄语，所以高尔基在出国的路途上有安德列耶娃的陪伴，会非常方便。

高尔基和安德列耶娃同居后没有举行正式的婚礼，所以沙皇俄国驻美大使馆便利用这一点来制造绯闻。

这样一来，他们卑鄙的手段居然得手了。高尔基在美国的声誉立即受到了很大的影响，纽约的大旅馆都纷纷拒绝租给高尔基和安德列耶娃两人房间居住。

美国工人和进步知识的分子对于这种迫害表示了极大的愤慨。他们都写信来安慰高尔基，许多人还邀请他们去自己的家里去住。

最后，高尔基和安德列耶娃接受了当时纽约一位著名医生的女儿马丁夫妇的邀请，搬进了他们的别墅。

因为俄国大使馆的迫害，高尔基为革命筹集的资金没有能够达到预定的数目。但高尔基丝毫没有被遇到的困难吓倒，始终是斗志不减。他在写给朋友的一封信中说：

> 无论大使馆，资产者、联盟分子及其他的家伙们怎样干扰我，钱还是会有的。要么让我跟警察一起带走，要么我像王子一样地凯旋离去，二者必居其一。
>
> 啊！他们以为美国又怎么样？我要让他们晓得，俄国人不是好惹的，更何况是高尔基呢！

1905 年的革命运动，提高和加深了高尔基对时代、对无产阶级的历史使命的认识。他对时代的英雄人物的探索也随之进入了一个更新的、更高的阶段。

这一切都使高尔基愈加迫切地感到文学必须反映革命现实的英雄气概，表现新的英雄人物，也使他更加尖锐地感到批判现实主义方法的局限性。

在马丁夫妇的别墅里，他完成了一部划时代的剧本作品《敌人》和世界无产阶级的奠基之作——长篇小说《母亲》的第一部。

此外，他还写了一组痛快淋漓揭露资本主义所谓文明的政论文集

《我的会谈录》和《在美国》。其中，《我的会谈录》包括6篇讽刺性的抨击文，即《高举自己旗帜的国王》、《美国的法兰西》、《俄国沙皇》等，《在美国》包括《黄色魔鬼的城市》、《无聊的王国》、《暴民》等。

高尔基的《敌人》是一个描写工人“暴动”的剧本，故事以1905年初莫洛佐夫工厂发生的事件为素材，显示了工人群众的觉悟的提高，揭露了资产阶级各派在维护本阶级利益上的一致性。这是高尔基继《小市民》之后又一个写工人斗争题材的剧本，而且各方面都比《小市民》更前进了一步。

在这之前，在高尔基的作品中，无产阶级与资产阶级的矛盾主要是以个别人物之间的两种思想、两种生活态度的冲突形式表现出来的。《敌人》则是以两个阶级的公开政治冲突为情节的剧本。剧中人物的言行和道德观念的准则都受到两个阶级根本冲突的制约。剧中的工人集体是由性格不同、政治思想成熟程度不同的个人组成的。

高尔基的长篇小说《母亲》是以1902年索尔莫沃被镇压的“五一游行”事件与1905年作者自己的革命经验写成的。

故事取材于真人真事。“五一游行”的组织者工人扎洛莫夫被捕，他的母亲安娜继续儿子的事业。

扎洛莫夫被流放后，高尔基又和他通信，每月寄钱给他。1905年，扎洛莫夫从流放地逃回来，专程去芬兰会见高尔基。高尔基询问了他的生活和革命活动情况，并以他们的故事完成了小说《母亲》。

小说一开始描绘了阴森森的工厂画面，在这里工人们一如既往地过着贫困的生活。老钳工米哈依尔·符拉索夫被厂主榨干了最后一滴血悲惨地死去了。他的儿子巴威尔·符拉索夫没有走父亲的老路，在革命知识分子的帮助下，迅速走上了革命的道路并成为工人革命运动的领导者。

巴威尔在自发组织的群众大会上挺身而出，一方面积极支持和领导工人同厂主进行面对面的说理辩论；另一方面，他向工人群众宣传马克思主义革命思想，号召他们团结起来，自己解放自己。但由于广大工人尚未觉醒，巴威尔也缺乏斗争经验，在演说时过多地讲道理。结果，厂主一出现，工人们马上惶惑地给他让路，还有人脱帽、行礼。斗争以失败结束。当晚，巴威尔被捕了。

小说的另一位重要人物是巴威尔的母亲尼洛夫娜。她像千百万受压迫的妇女一样，被繁重的劳动和丈夫的殴打折磨成逆来顺受、忍气吞声的人。

丈夫死后，当儿子走上革命的道路时，母亲也在儿子以及他的同志们的启发、帮助下，逐渐接受革命的真理。沙皇抓不着巴威尔等人的把柄，只好把他们放出来了。

通过监狱生活的锻炼，巴威尔进一步提高了觉悟，同时逐渐掌握了斗争的艺术。因而，出狱后他重视做发动群众的工作。为了把工人运动从自发的经济斗争提高到自觉的政治斗争，“五一”游行时，巴威尔高举红旗开路，群众聚集在他的周围，“像铁屑被磁石吸住了一样”。

在游行的过程中，巴威尔的母亲始终与儿子在一起，她也同敌人进行了搏斗。儿子被捕后，她主动向周围的群众宣传革命道理，这表明她的革命意识已经觉醒。作为一个自觉的革命者，巴威尔的母亲开始参加党所领导的革命斗争。

她搬到城里，和革命者住在一起，坚决担负起革命工作，完全献身给布尔什维克的事业。她常装扮成修女、小市民或女商贩，带着传单奔走于市镇和乡村。

巴威尔在被捕后遭到审讯，在敌人审讯的时候，他丝毫不畏惧，并且在法庭上发表了义正词严的演说。他大力宣扬布尔什维克推翻专制制度和资本主义制度、进行社会主义革命的政治主张，揭露资本主义的种种罪恶，预言了旧世界的灭亡。这个时候的巴威尔已经成为有高度政治觉悟和理论修养的成熟的革命者。

巴威尔在法庭上的演说及斗争，更进一步提高了母亲的觉悟。

小说结尾时，母亲冒着生命危险去传送印有儿子在法庭上演说的传单，不幸在车站被暗探围住。这时，母亲勇敢地把传单散发给车站上的群众。在被捕时，她庄严地宣称：“真理是用血的海洋也扑不灭的。”

这部小说高度艺术地概括了19世纪至20世纪之交的俄罗斯大地上波澜壮阔的革命斗争，既表现了工人阶级在布尔什维克领导下的迅速觉醒，也描写了农民流动和农村分化的情景。

小说塑造的巴威尔是世界文学史上的第一个成功的布尔什维克典型。而母亲尼洛夫娜，一个从逆来顺受到终于随儿子巴威尔走上反抗道路的普通俄罗斯妇女，是又一感人至深的形象。高尔基通过这个普通母亲的形象，写出了俄国无产阶级革命的深度和广度。

在《母亲》中，无产阶级的革命斗争构成了作品的主要情节，无产阶级革命战士成了作品的主人公，这是世界文学中破天荒的大事。

俄国1905年革命失败以后，国内一片白色恐怖，而革命之所以失败，正是由于很多群众和工人还没有觉醒。高尔基在这个时候写出的赞颂工人革命斗争、宣传无产阶级的革命英雄主义、坚信无产阶级必胜的作品，自然会有力地支持革命。这正是小说的意义所在之处。

高尔基开创了一种新的创作方法。《母亲》展示了俄国运动的发生、发展的历史过程及其必然规律，具有深刻的典型意义和普遍意义。

这部小说首先在美国发表，随后在欧洲以各种文字出版。它的问世不仅使高尔基在美国和欧洲各国赢得了读者，也极大地鼓舞了俄国工人阶级和世界无产阶级。

俄国沙皇政府很快发现了《母亲》的巨大革命意义，他们封闭了发表《母亲》第一部的杂志《知识》，气急败坏地在彼得堡市政厅的公告栏里张贴了一条布告：

阿列克赛·马克西莫维奇·彼什科夫系下诺夫戈罗德城原裱糊业公会之手艺人，警局得凭彼得堡地方法院所发之拘票加以逮捕。

沙皇政府的这一通告令正式将高尔基列为了俄国的政治要犯，俄国驻美大使馆向美国政府施加压力，以民主自由而称的美国已经无法成为高尔基的久留之地。经过半年的流亡之后，在 1906 年的秋天，高尔基带着安德列耶娃离开了纽约这座被他称作是“黄色魔鬼”的城市。

正式会见列宁

1906年10月，高尔基从美国来到意大利，成为一个流亡国外的政治分子。在这里，高尔基受到了隆重的欢迎。

作为俄国的著名作家，在20世纪以来，高尔基越来越受到意大利人民的尊敬和爱戴。当高尔基到达那不勒斯的第一天晚上，他在去剧场看戏时，受到了全场观众的热烈欢迎。

尽管他到达剧场的时候序曲已经开始，但他还是受到了注意。音乐立即停止，大厅里的灯都亮了起来，演员们从幕后走了出来，观众也都纷纷起立，向高尔基欢呼：

“高尔基万岁！”

“俄国革命万岁！”

“打倒沙皇！”

与此同时，乐队演奏改为法国大革命期间自由的赞歌马赛曲，表示对高尔基的光临的欢迎。剧院经理献上了鲜花，整个剧院都在向这位远道而来的客人致以最热烈的欢迎。

三天以后，这个城市的无产阶级组织为高尔基举行了有数千人参加的欢迎大会。高尔基非常感动，他在大会上致辞：

意大利同志们：

虽然我不懂你们的语言，你们也不懂我的话，但我了解你们的夙愿和希望，你们也同样了解我的夙愿和希望。这一伟大而非同寻常的事实是我们友谊的保证。

你们的欢迎在我看来，并不是对我个人，而是对我的祖国的欢迎。我只是一名普通的革命战士，不配享受这样的荣誉。我把你们的欢迎看成是对正在争取自身解放的俄国和世界各国劳动人民的欢迎。

一周的那不勒斯生活，高尔基是幸福的。无论走到哪里，他都受到热烈的欢迎。人们以发表文章、写信、打电报表示自己的喜悦。

高尔基，就像几十年前初到意大利的法国杰出的批判现实主义作家司汤达一样，把意大利看做了自己的第二故乡。他给自己的朋友写信说：

意大利是欧洲大陆一个最美丽的国家。假如我不是一个俄国人，那么我宁愿做一个意大利人。

高尔基一心渴望参加工作，于是他离开了美丽的那不勒斯市，选择了幽静的喀普里岛，定居在那里，以便专心致志地进行写作。

11 月，他完成了《母亲》第二部的创作。这后一部的故事讲述的是巴威尔在游行被抓后他母亲的革命和对巴威尔的审判。

随后，高尔基迎来了他一生的重要时刻，那就是与伟人列宁的交往。

1907 年 4 月，正在意大利旅行的高尔基接到了俄国民主工党中央委员会的邀请，在 4 月 30 日至 5 月 16 日，作为有发言权的代表出席在伦敦召开的第五次党的代表大会。

在休息的时候，高尔基总是在教堂的院子里同一群布尔什维克工人谈话，询问他们以及工厂里的情况。

会议结束后，一个秃顶、矮胖，身材结实，讲话时喜欢咬着带喉音的“阿”字的人走到了高尔基的跟前。他握着高尔基的手，用他那特别明亮的眼睛亲切地看着高尔基，热情地说：“欢迎你啊，高尔基同志。”这个人就是列宁。

虽然这已经是高尔基第二次见到列宁了，但由于上次他正在生病，没有与这位伟大的人详谈，所以这一次的交往给高尔基留下了深刻的印象。

后来，高尔基在他的回忆录《列宁》里，专门描写了在这次会议中与列宁和普列汉诺夫见面的情景。关于他与普列汉诺夫的见面，他这样写道：

当我被引见给普列汉诺夫的时候，他双手交叉在胸前挺立着，严厉地看着我，有点厌烦，好像一个教书教厌了的教师又看到了一个新学生一样。他向我说了一句极其普通的应酬话：“我很敬仰您的才能……”在整个代表大会期间，无论是他，还是我，谁都不想推心置腹地交谈。

关于高尔基与列宁的见面，他这样描写：

列宁一只手摸着那苏格拉底式的前额，另一只手握着我的手，亲切地闪动着那一双灵活的惊人的眼睛，立即就谈到了《母亲》这本书。

我说这本书是很匆忙地写出来的，但是还没有来得及说明为什么匆忙，列宁就肯定地点点头，自己把这个原因说明了。他说我能赶写出来就很好，这是一本必需的书，很多工人不自觉地、自发地参加了革命运动，现在他们读一读《母亲》，对自己会有很大的益处。

最后他评价《母亲》说："这是一本非常及时的书。"这是他唯一的，然而对我却是极其珍贵的赞语。

接着，高尔基又把普列汉诺夫和列宁在大会上的发言做了对比。普列汉诺夫留给他的印象是：

他穿着礼服，扣上所有的纽扣，像一个新教牧师。他坚信他的意见是不可辩驳的，每一个字眼都是极有价值的，就是字句间的每一停顿，也是极有价值的。他很巧妙地向代表们头上的空气里播出流利又漂亮的语句。

而列宁留给高尔基的印象却是：

列宁匆匆登上了讲台，用喉声喊了一声，"同志们"。我觉得他不会讲话，但过了一分钟，我也像所有人一样，被他的演说给"吞没"了。

这是我第一次听到能把极其复杂的政治问题讲得如此简单明了……他的演说的和谐、完整、明快和强劲，他站在讲台上整个形象——简直就像一件古典艺术作品：什么都有，然而没有丝毫多余，没有任何装饰……正如脸上的两只眼睛、手上的五个指头似的天生不可少。

在回忆录里，高尔基还说出了自己对列宁的主要印象："这个人的一切都太朴素了，在他身上感觉不到丝毫'领袖'的气派。"

通过这次会议，高尔基更深刻地认识到列宁是无产阶级唯一的伟大革命领袖。大会以后，列宁和高尔基都旅居国外，接触的机会更多，关系也更加亲密了。

不久，在巴黎一个学生住的公寓里，高尔基又拜见了列宁。列宁的妻子克鲁普斯卡妮为他们每人递过一杯茶，走出了房间。高尔基是来和列宁讨论组织一个新的出版机构的事的。因为当时的《知识》出版社遭到了沙皇政府的查封。

高尔基说："这个机构要尽可能地把我们的文化人包容进去。最好是由伏洛夫斯基来负责国外的编辑工作。由达伊斯尼茨基负责组织工作。我们应当出一套关于西方文学和俄国文学的丛书，还可以有一些历史文明的书籍。这样可以供工人们学习……"

高尔基的话还没有说完，就被列宁打断了，他说："高尔基同志，我们必须估计到检查制度的限制和组织工作的困难。同志们的大多数都在为党的实际工作所拘束，他们没有时间来写。一本厚厚的书只有知识分子来读。我们需要的是报纸和小册子。我们要将报纸和小册子散发到群众中去。等到时机好转后，再设法成立出版机构。你以为如何？"列宁停了停，接着又说："1905 年成立的俄国国会杜马是大资本家和大地主的党，他们耻于为十月党人，他们只有一条路可走，右倾的路……战争已经迫近，可能不止一次，是一连串的战争……"

他站了起来，做出他的特有的姿态。他的拇指放在大背心的腋下，在小房间里踱来踱去，他的明亮的眼睛眯了起来，他说："战争正在到来，这是不可避免的。这个资本主义世界已经到了腐烂的发酵的程度，我们即将见到整个欧洲的战争。无产阶级很难避免这场大屠杀，那么怎样才能防止呢？整个欧洲的工人罢工吗？他们还没有充分地组织起来和觉悟起来。这样的罢工一定是国内战争的开始。我们是现实的政治家，不能指望这个。"

他停住脚步，用鞋底摩擦着地板，忧郁地说："无产阶级当然会大受苦难，它的命运暂时只有这样。但是它的敌人将互相削弱自己的力量，这也是不可避免的。”

他走到高尔基的面前，好像很惊异似的，用了很大力气，然而并不大声地说：

“你想一想，吃饱了的人硬要赶着饿肚子的人去互相厮杀，这究竟是为了什么呢？你能说出比这更愚蠢、更可憎的罪行吗？工人将为此付出非常重大的代价，但是最后他们会胜利的，这是历史的意志。”

列宁有些激动，他坐下来，擦着额头上的汗，喝了几口茶，向高尔基询问在美国的情况。

高尔基说：“很艰难。社会革命党人知道了我旅行的目的。恰可夫斯基和特洛夫斯基在我还在芬兰的时候便来看我。他们提议捐款的征集不应为布尔什维克，而应为‘整个革命’。我拒绝了。于是他们派了勃莱希可夫斯卡娅到美国去，这样各自为政。显然，勃莱希可夫斯卡娅早为人所知，她的美国朋友曾广泛地宣传过她。沙皇政府的大使馆准备了一个话柄中伤我，致使我不得不从旅馆里搬出来，住进乡下一个朋友的家里。美国的同志们对在多次集会上捐得的款项处理得也颇‘随便’。整个地说来，我捐得的钱很少，美国之行简直是一个失败……”

高尔基简略地叙述着他在美国的遭遇，逗得列宁哈哈大笑。列宁笑着说：“啊！高尔基同志，简直没有想到，你还是一个幽默家……”

接着，他停止了笑，用柔和的语调严肃地说：“你能够用幽默去对付失败，这倒不错。幽默是一种优美的、健康的品质。我喜欢幽默，但不善于幽默。生活中可笑的东西大概不比可悲的东西少，的确不少。”

两个人约定第二天再继续详谈，然而在当天晚上，高尔基开始大口大口地吐血。第二天，他不得不离开巴黎重新返回意大利的喀普里岛治疗休养。

登上创作高峰

喀普里是一座方圆10俄里的小岛。这座小岛是海中的一块孤岩，是那不勒斯海湾环抱中一块天然可爱的礁岩。绚丽的阳光，碧蓝的海洋，山头维绕着淡紫色的云霞，海上飘浮着星星点点的渔舟。海边是一级级向海中延伸下去的石滩，整个海岸完全被葡萄、蜜橘、柠檬、无花果之类果木的黑沉沉的叶子和橄揽树的银灰色的叶子遮盖着，显得异常美丽。维苏威火山在远处冒烟，海面上散发着鱼类和各种水草的气味，远处传来渔夫们阵阵宏亮的歌声。

高尔基爱上了岛上的热情开朗、勤劳朴实、多才多艺的渔民，同时也深深地爱上了这里的自然景色。他把喀普里称为“地中海中的瑰宝”，他感觉到了自己身体中高涨的创作热情。

他从清晨起床就开始写作，每天要坚持工作14个小时左右。下午14时左右的时候，他会休息一会儿，然后晚上再坚持写作若干个小时。他严格要求自己，每天坚持快节奏、高效率的工作。

他休息的时候会在岛上旅行，洗海水浴和捕鱼。晚上有时候会在家里或朋友家举行音乐晚会或文学作品朗诵会等活动。

在这里，高尔基写了大量的文章来对国内思想界与文学界的消沉和变节进行抨击，如有著名的《个人的毁灭》、《论犬儒主义》等，这些文章均得到了列宁赞同。但渐渐地，特别是在1908年4月之后，因为复杂的斗争，他们的思想有了分歧。

自从1905年大革命失败以后，俄国社会进入斯托雷平反动时期，在反动派血腥镇压下，资产阶级知识分子中大批人开始消沉、颓废、变节。在哲学方面，“批评”、“修正”马克思主义成了时髦；在文艺界，阿志跋绥夫、梭罗古勃、安德列耶夫等颓废作家的大量反动、黄色作品纷纷出笼。他们辱骂革命，赞美变节，鼓吹淫乱。

在这一时期，布尔什维克党内出现了“取消派”和“召回派”。“召回派”小集团在政治上要求党放弃公开合法的斗争机会，召回参加国家杜马的工人代表，因而被称为“召回派”。在哲学上，他们攻击唯物主义，宣扬马赫主义，大肆歪曲马克思主义，并提出要寻求和创造一种新宗教，使马克思主义和宗教结合起来，提倡“导神论”和“造神论”。

当时“召回派”的代表人物波格丹诺夫、巴扎罗夫、卢那察尔斯基等人也寄居在喀普里岛。高尔基受了他们的影响，也主张“造神论。”

而且，在高尔基的心目中，卢那察尔斯基等人是知识渊博、极有才干的“大人物”，布尔什维克党不能没有他们。同时，高尔基又敬佩、拥戴列宁，他担心党内发生分裂，便再三要求列宁在这年4月到喀普里来，以便调和列宁与卢那察尔斯基等人之间的矛盾，促使他们“和解”。

而此刻的列宁正在紧张地写作《唯物主义和经验批判主义》一书，对各种各样气焰嚣张一时的修正主义思潮进行反击。列宁明白，这是高尔基思想探索中一个复杂的时期，是他的思想和创作发展中的关键时刻，而对于党和无产阶级来说，争取高尔基有着十分重大的意义。因此列宁暂时中断了《唯物主义和经验批判主义》的写作，来到了喀普里。

高尔基在码头上亲自接到了列宁，彼此热情地打过招呼。在回到高尔基的寓所的路上，列宁和高尔基谈到了当时的斗争情况。

高尔基说：“在我的心目中，格丹诺夫、巴扎罗夫、卢那察尔斯基等人都是重要人物，他们受过高等教育，党内没有人比得上他们。我认为他们的最终目标是一样的，如果互相深切地了解之后，是可以消除哲学上的冲突的。”

列宁说：“这就是说和解的希望还是存在着的？”停了一下，他又说：“其实这是毫无用处的。”

列宁一直把对高尔基的态度与其他意见有分歧的人区分开来，他对高尔基采取了特别耐心的态度。列宁在喀普里岛一共住了6天，每天都在同卢那察尔斯基等人进行激烈的论战。事实再次向列宁证明，他正在写的哲学著作有着怎样巨大的意义，他同马赫主义者的分歧也更加深了，而列宁在此刻也不能说服高尔基。

这之后，高尔基发表了中篇小说《忏悔》。他在这一部小说中的想法是：社会主义、新世界的思想都应该成为新的宗教，这种思想必定胜利。事实上，这是高尔基在创作上严重失败的一部作品。

《忏悔》说明了高尔基仍在坚持造神论的思想。针对这部作品，列宁给高尔基写了一封批评的信，但考虑到种种原因，列宁并没有寄出这封信。但从此以后，他们的联系便中断了。

1909年，卢那察尔斯基等在喀普里岛上创办了一个党校。高尔基积极投入到创作工作中去，并在党校讲授“俄国文学史”课。但是这所学校其实是“召回派”为了网罗党羽而开的。不久高尔基就看到了这种派别之争，他忧心忡忡，不知出路在哪里。他让布尔什维克革命家米哈伊尔去巴黎，去寻求列宁的帮助。这一举动改善了高尔基和列宁之间的关系。

1909年11月，在会见了米哈伊尔的当天，列宁就给高尔基写了一封热情洋溢的信来鼓励和帮助这位朋友。在这封信里，列宁一针见血地指出新党校的本质，并鼓励高尔基不要在困难面前被吓倒。从这时起，他们之间曾中断了一年半之久的通讯又恢复了。

这时，在资产阶级报刊上出现了许多谣言，涉及列宁对高尔基的态度，宣称高尔基已被开除出布尔什维克。列宁立即写了《资产阶级报纸关于高尔基被开除的无稽之谈》，以维护高尔基，进行反击。列宁在这篇文章中指出：

> 高尔基是一位卓越的天才文学家，他在世界无产阶级运动方面已经做过许多的工作，而且还要继续做下去，这是毫无疑问的。

在列宁的帮助下，高尔基从 1909 年底开始疏远卢那察尔斯基等人，并在 1910 年与他们彻底断绝关系。

1910 年 6 月，列宁应高尔基的邀请第二次来到喀普里。

这一次，列宁的喀普里岛之行是愉快的，是这两位朋友真正的友谊的呼唤。

列宁告诉高尔基，《忏悔》发表以后，他写过一封批评这本小说的信，但最后信没有寄出。

高尔基回答说："您不该不寄来。如果您早一点让我明白，我或许就不会犯这个错误。"

列宁理解地说："我一直坚信你会重新回到我们的身边。"

他们谈得真诚、坦率，在许多问题上的意见依然是一致的。

高尔基陪同列宁游览了喀普里岛上的古迹：1 世纪罗马皇帝提庇留宫殿的遗址，14 世纪岛上一位封建主建筑的修道院等。高尔基讲解得极为生动。作为一名文学家，他善于用几句话就描述出一幅风景画，或是描述一件事或一个人。他的这一特点使列宁甚为钦佩。

高尔基还陪同列宁游览了当地的博物馆。因为高尔基对这里的一些古迹进行了细致的研究，所以他能够详细地向列宁介绍。

高尔基陪列宁攀登维苏威火山，目睹冒着滚滚浓烟和气团的火山口的奇景壮观，还陪同他参观了庞贝城的遗址。这个城市在历史上曾经被维苏威火山喷出的火山灰所淹没，埋藏在地下 1000 多年，直至 18 世纪的时候才发掘出在火山灰下保存的大量的建筑物和艺术珍品。

到了晚上，高尔基又给列宁讲自己亲身经历的有关俄国和农村的故事。列宁认真地倾听着，他发现这位朋友有着丰富的生活经验，羡慕地感叹说：“我对俄国知道得太少了，辛比尔斯克、喀山、彼得堡，流放地，几乎就没有别的了！”

而高尔基，经过了这段时间的相处，更加发现了列宁是“一个极好的同志，一个愉快的人，对于世界上的一切怀着强烈的无穷无尽的兴趣，对人们抱着异常温和的态度”。

高尔基跟列宁在南方晒烫了的喀普里石径上散步，欣赏金黄色的金雀花和渔人们的肮脏的孩子。高尔基饶有兴味地观察着列宁，他在特写《列宁》中还生动地描述了列宁在喀普里如何捕鱼和岛上的渔民对列宁的反映：“他有一种磁力吸引着劳动人民的心灵和同情。他不会讲意大利语，但是曾经见过夏里亚宾和其他不少俄国著名人物的喀普里渔民，却出于某种本能，一下子就对列宁特别看待。他的笑使富有魅力的老渔民乔凡尼·斯巴达洛谈到他时说：‘只有正直的人才能这样笑。’”

列宁还向渔民学习“用手指”钓鱼，即只用一根钓丝，不用钓竿。渔民向他解释说：“当手指觉得线在晃动的时候，就一定是钓着鱼了。这样‘丁零丁零’地响，懂得吗？”

列宁立刻钓到了一条鱼，他把鱼拉起，大叫起来，像小孩一样欢喜，像猎人一样兴奋地说：“哈哈！‘丁零丁零’！”

渔民们也像孩子一样快乐地哄笑起来，并亲切地称呼这个渔人为“丁零先生”。

高尔基和列宁在美丽的喀普里度过了许多这样的快乐时光。他们性情相投，相互的了解一天比一天深，友情也一天比一天浓。他们互相向对方学习，并相互指出工作上的问题和提供自己的帮助。

高尔基把自己的种种创作计划告诉了列宁。高尔基向列宁讲了许多故事，谈到了自己的故乡，谈到了伏尔加河，谈到了他的童年和外祖母，谈到他的少年时代和流浪生活。

列宁专心致志地听他讲，那双眼睛充满了真诚与友爱。列宁对高尔基说："老兄，你应该把这些全都写下来！这一切很有教育意义，很有教育意义。"

高尔基立即愉快地回答说："到时候我来写！"这段交谈促成了高尔基自传体小说《童年》、《在人间》、《我的大学》三部曲的诞生。

列宁认为在时机不成熟的情况下不要轻易动笔。有一次，高尔基还向列宁谈起过关于《阿尔塔莫诺夫家的事业》的创作计划："我幻想写一个家庭的百年史，从 1813 年莫斯科重建开始直到我们今天。这个家庭的祖先是农民，是一个由于在 1812 年立下战功而被解放的村长，从这个家庭出身的有官吏、神父、工厂主，彼得拉舍夫斯基派、涅恰耶夫分子和七八十年代的社会活动家。"

列宁非常注意地听着，并提了些问题，随后说："嗯！这个主题非常好。当然这是一个难处理的主题，需要大量的时间，但我相信你是能够胜任的。不过我不知道，你将怎样结尾？现实生活还没有给它提供结尾。不是吗？所以我觉得，这应当在革命以后写。"

高尔基接受了列宁的劝告，将《阿尔塔莫诺夫家的事业》的写作推迟了下来。

列宁还劝高尔基放弃他想写的历史题材，而指示他去写政治上急需的东西。列宁说："目前只能写类似的《母亲》那样的东西。"

列宁是一个具有敏锐艺术鉴赏力的人。这使高尔基在与他交往时受益匪浅，列宁的许多意见和建议直接影响了高尔基以后的创作。列宁不但成为高尔基在思想上的朋友和导师，也成为高尔基在创作上的朋友和导师。

在这个期间，高尔基还同国内的许多作家、艺术家建立了广泛的通信联系。同时，还有一些革命者也络绎不绝地来喀普里访问他；除此以外，还有许多工人、学生及教师。这些访问给高尔基带来了极大的欢乐。

这一时期的高尔基，在创作上也是一个丰收期。从 1910 年至 1913 年高尔基离开意大利，短短 3 年内，他完成了长篇小说《玛特维·克日米亚金的一生》，中篇小说《夏天》、《奥古洛夫镇》，剧本《最后一代》、《瓦萨·日烈兹诺娃》、《怪人》、《崔可夫一家》，以及《意大利童话》和《俄罗斯童话》等。

在这些剧本当中，中篇小说《夏天》完成于 1909 年，高尔基称它是《儿子》一书的草稿。

《夏天》表现了俄国农村的觉醒。小说写的是职业革命家叶果尔·特罗菲莫夫到农村中进行革命宣传活动。最后叶果尔·特罗菲莫夫被捕了，但全书充满了革命乐观主义精神。这篇小说被称作是《母亲》的姐妹篇，但它没有《母亲》的主题深刻。

根据列宁的指示，高尔基写出了不少有现实意义和政治意义的作品。他构思的以奥古洛夫镇为中心的三部曲就是这样的作品。中篇小说《奥古洛夫镇》和长篇小说《玛特维·克日米亚金的一生》是三部曲的前两部。

《玛特维·克日米亚金的一生》描写了小市民玛特维和他父亲的一生，从 19 世纪 60 年代直至 1905 年革命前这半个世纪以来的停滞生活，以及 1905 年革命后打破了这些死气沉沉的局面。

《奥古洛夫镇》则展示了第一次俄国革命时期的小市民世界。1905 年，革命事件波及奥古洛夫镇，引起了骚动。在气势汹汹的小市民瓦维拉·布尔米斯特罗夫看来，“自由”与无赖行为是毫无二致的。

土里土气的马亚金一家人和富裕的小市民库鲁古罗夫、巴祖诺夫等，唆使布尔米斯特罗夫来骚乱这个安定的镇子，最后以大血战结束骚乱。

在小说中深刻揭露的顽固、保守、落后的因循守旧的小市民习气后来被称为“奥古洛夫精神”。

高尔基认为，所谓“奥古洛夫精神”是沙皇专制和资本主义制度的产物，这在当时是有很深的政治意义的。高尔基还想写一部《崇高的爱》作为三部曲中的第三部，但没能完成。

高尔基的《意大利童话》引起了列宁特别热烈的反应。这是高尔基唯一一部描写意大利生活的作品，列宁称它是“革命的传单”。

这本书由27篇以童话形式写的美丽的故事组成。它描写的是意大利的自然景色、人物和生活，从古代传说、乡上风情，一直到里巷琐事。作品题材新颖，内容丰富，有浓厚的浪漫主义色彩和强烈的革命精神，是高尔基在美学上的新探索。

书中最为有名的是第九则和第十一则，其主人公都是母亲。第九则童话叙述一位母亲历尽艰难险阻去找侵略者铁木儿，要求把孩子还给她。铁木儿终于为她所感动，答应为她找到孩子。

第十一则童话描写的是一个大义灭亲的母亲。她的儿子背叛了祖国、背叛了全城人民，成了围攻这座城市的敌人的首领。城市被围困，弹尽粮绝，全城人民都面临着死亡。

母亲受到了全城人的敌视和唾弃，她十分痛苦，让守城人放她出城去见儿子。母亲在见到儿子后亲手用匕首刺死了他，然后也自杀而死。

高尔基在这几个童话里淋漓尽致地表现了自己对母爱的讴歌。

《意大利童话》虽然写的是意大利的生活和自然景色，但实际上歌颂劳动人民的团结，歌颂改造大自然的欢欣，歌颂对祖国的热爱，肯定生活就是革命斗争、就是创造性的劳动。

美丽、热情的意大利给予了高尔基创作的灵感，也为他带来了和伟人列宁的崇高友谊，使高尔基在创作上始终保持着昂扬的激情。

1913年3月，俄国罗曼诺夫皇族举行当朝300周年纪念，沙皇宣布大赦。列宁知道后立即给高尔基写信，他在信中写道：

我希望你不要以为不该去领受大赦。这是一个错误的见解。在目前，一个革命家在俄国内地能做更多的工作。因此，你应当试试回国一趟。对革命的作家来说，能到俄国走一趟，以后，可能给罗曼诺夫王朝以百倍的打击。

随后不久，高尔基又看到了彼得堡的工人们在布尔什维克党的《真理报》上发表的《致马克西姆·高尔基的公开信》，召唤他返回祖国。《公开信》说：

我们深信，与祖国人民的交往，与故乡的接触对您的创作将是一个有力的推动。工人阶级内部正在成长的力量将为您的创作提供取之不尽的材料的源泉。

我们深信，您的返回祖国和您的创作活动会增加我们的力量，帮助我们俄国无产阶级摆脱黑暗的丑恶的羁绊。

不过，遗憾的是，高尔基此时的病情越来越严重了，这使他不得不推迟回国的日期。从 1896 年以来，高尔基就一直被肺病所折磨，直到 1913 年秋，他的病情更加严重了。他只好去意大利的北部继续养病。

非常幸运的是，为他治病的医生成功地运用了一种新疗法，他的病情很快就好转了。同时，病中的高尔基也没有放弃自己热衷的写作。在这一年，他根据自己在外祖父家的童年生活顺利的完成了自传体小说三部曲的第一部《童年》。

这一年 12 月末，高尔基离开了意大利回到他阔别 7 年之久的祖国，结束了一段异地飘泊之旅。刚刚归来的他，受到工人、大学生和进步知识分子的热烈欢迎。而沙皇的暗探也马上把他监视起来。

事业丰碑

天才，就其本质而说，只不过是一种对事业、对工作过盛的热爱而已。

——高尔基

回到祖国定居

高尔基回到祖国后，定居在离彼得堡不远的一个名叫穆斯塔米亚基的芬兰村庄里。

早在喀普里岛时，他就与祖国各地的年轻作家有书信来往，并亲自处理来自俄国的向他请教的大量稿件，回国后他更是带病进行这项繁重的工作，编辑出版了《无产阶级作家文集》，为国家培养新人。

在这本文集的序言中，高尔基满怀激情地说："当历史向全世界无产阶级叙述你们在反动统治的 8 年当中所经历和做到的事情的时候，工人世界将会对你们的生命力、你们蓬勃的朝气、你们的英雄气概感到惊愕不已。"

高尔基对青年作家是十分爱护和关怀的。十月革命前夕步入文坛的谢苗诺夫斯基、弗谢没洛德·伊凡诺夫、马雅可夫斯基等都受到高尔基的亲切教诲。

1914 年 8 月，第一次世界大战爆发了。这是一场资产阶级政府争夺殖民地和销售市场的非正义的、掠夺性的战争。高尔基创办的《年代纪杂志》，主张反对帝国主义战争。青年作家马雅可夫斯基的《战争与世界》一诗，就是在这个杂志的文艺栏里第一次发表的。

对于少年儿童的成长，高尔基也一直是非常关心的。1916 年前后，他打算请国内外著名作家为 13 岁至 18 岁的青少年写一套名人传记，由他主持的"帆"出版社出版。

他想请挪威航海家南森写关于意大利航海家《哥伦布传》，英国的作家威尔斯写美国发明家《爱迪生传》，法国作家罗曼·罗兰写德国作曲家、钢琴家《贝多芬传》，生物学家季米里亚采夫写英国生物学家《达尔文传》，他自己写《加里巴传》。

为此，他亲自写信给威尔斯说："我请您为儿童写一本关于爱迪生，关于他的生平和著作的书。您会了解，这本书人们是多么需要，因为它可以教人热爱科学和劳动。"

与此同时，他还第一次写信给罗曼·罗兰，从此开始了他们长达20余年的深厚友谊。

罗曼·罗兰的巨著《约翰·克里斯朵夫》和《欣悦的灵魂》都从高尔基那里获益匪浅。后来，罗曼·罗兰曾这样动情地回忆他们的友谊："我的根碰到了高尔基的根，两个人的根在地下亲热地交错在一起。这会儿，我们这两个处在欧洲两端的同志的血都混在一起了。"

在这个时期，高尔基继续写他的自传体小说三部曲，并在1916年完成了三部曲的第二部《在人间》，并全文发表在《年代纪杂志》杂志上。

《在人间》描写了少年的阿辽沙到"人间"谋生的不幸遭遇和艰难的成长过程。像《童年》一样，作者在对丑恶和不幸的描写中仍然放射着乐观和理想的光芒。

高尔基的《在人间》比《童年》更广阔更严正地展现了俄罗斯底层人的生活，它是高尔基的又一部优秀作品。民主报刊《新小报》撰文赞扬这部作品时称：

我们某些批评家幸灾乐祸地宣布"高尔基完了"已经整整10年。但是高尔基并没有完，他的著作一本又一本陆续出版。

其中许多作品，如最近出的中篇小说《在人间》，恰恰说明他具有浓厚的，始终如一的巨大的才能。贫穷、痛苦、人间的不平等，他对这一切都有亲身体会，因而他所描绘的图画色彩鲜明，既清晰，又引人入胜。

他那准确的、直接来自现实生活的精练的语言，是何等出色！人物的性格特征刻画得何等真实，自然风景又是描绘得多么鲜艳。

之后，高尔基又完成了《俄罗斯浪游散记》。书中包括29个短篇，都是根据高尔基年轻时的经历和见闻写的。

在《俄罗斯浪游散记》中，高尔基以流浪者讲述自己在各地见闻的形式追溯了俄国19世纪80年代至90年代的生活。高尔基以现实主义的笔触真实地描绘了充满残酷、野蛮、落后的俄国生活。

但是，在游记的画面中使人产生不可磨灭的印象的，却是关于人民的巨大潜在力量的描写。游记以“人的诞生”作为这部作品的第一篇文章，高尔基以绚丽壮观的大自然和抒发感情的高昂语调烘托出人的诞生的庄严性，表达了他对人的赞美，对人的热烈期望。可以说，“人的诞生”是一代新人已经诞生的象征。

这部作品虽然写的是十九世纪八九十年代的事件，但是在风格上却与高尔基的早期短篇有差异。同高尔基的早期短篇相比，这些作品的技巧更为成熟，已达到了一个新的高度。书中的人物也有着独特的、鲜明的性格。而且，几乎每部作品中都有一个“我”，这是一个非常值得注意的形象，“我”在作品中肩负着重要的艺术使命。

他是事件的积极参加者，而不是消极的旁观者。作品中的“我”就是讲故事的人，他在俄罗斯大地上徘徊流浪，目的是要了解自己的祖国。

他内心丰富、善于思索，对生活抱有浪漫主义的幻想；他对俄罗斯人民的命运考虑得很多，善于发现人们身上的美好品质，但也不回避他们的短处。“我”实际上是一个用革命高涨时期的眼光来观察现实的人。

悼念列宁逝世

1917 年，俄国的二月革命推翻了沙皇专制政权，完成了资产阶级民主革命的任务。

4 月，列宁从国外回到俄国，立即提出“一切政权归苏维埃”的口号，制定了从资产阶级民主革命过渡到社会主义革命的方针。

二月革命以后，像 29 年前在喀山一样，高尔基再次陷入了一场精神危机。

第一次世界大战中，国际上有一股主张民主力量同资产阶级政府合作的潮流，高尔基也同意这个看法，并撰文宣传。这遭到了列宁在《远方来信》中的严厉批评和责问：

“毫无疑问，高尔基是一个伟大的艺术天才，他给全世界无产阶级运动作出了而且还将作出很多贡献。但是，高尔基为什么要搞政治呢?”

在这一时期，高尔基给情人安德列耶娃的信中说：“我生活在内心矛盾之中，除了文化工作外，看不到别的出路。”他创办了一系列文化事业单位，对工人农民进行文化教育，以为这是解决社会危机的途径。

1917 年 11 月至 1918 年 5 月，他在《新生活报》上发表了一组题为《不合时宜的思想》的文章，表达他的忧虑和困惑，其中不幸言中了后来苏联社会生活中的一些悲剧。但他的主要观点是错误的，列宁便下令封闭了《新生活报》。

1918 年 8 月，列宁被社会革命党人刺伤，高尔基在震惊中认识到自己所持的资产阶级人道主义的软弱和错误。他当即去电慰问列宁，并随后亲往看望，承认自己是一个“迷过路的人”。高尔基主动恢复了与列宁的友谊，也走出了精神危机，积极担任了许多社会工作，进入了新的时期。

从1918年至1921年，高尔基全力从事恢复高等学术机关，团结知识分子，保护文物，出版普及读物，组织科研等工作，为刚刚创建的苏维埃的文化事业付出了辛勤的汗水。

高尔基成功地团结了近百名西欧文学的翻译家和近五十名东方学者，出版了欧美和东方各国的译著。高尔基和列宁都重视研究东方问题和思想。在出版目录中也包括了中国文学作品。1922年出版了阿列克塞耶夫院士翻译的《聊斋志异》第一卷《狐媚》，1923年出版了第二卷《妖僧》，这是苏俄读者第一次有机会接触中国古典文学名著。

在工作的间隙，高尔基还在《共产国际》上发表了很多政论，并写出了《回忆列夫·托尔斯泰》。

他还写出了这位一语千钧的泰斗对自己的否定：“再讲您的语言，它很巧妙，但过于做作，这是不行的。您在戏里把自己的话说得太多了，所以您的戏里并没有人物，所有的人物全是一样的。您大概不了解女人，您没有写成功一个女人，连一个也没有！”高尔基就是这样一个纯洁而坦率的人。

辛苦的工作，使高尔基的肺病严重恶化。1921年夏天，高尔基的肺病发展到非常严重的程度。

列宁写信坚决地劝高尔基出国去治疗。尽管这时列宁自己的身体也十分虚弱，他仍然在这年8月9日写信给高尔基。他在信中说：

马克西姆·高尔基：

已经把你的信转给列·波·加米涅夫了。我疲倦得连一点事情都不能做。你在咯血，可是你还不走！唉，你真是固执，也真是不合情理了。

在欧洲的疗养院里，你既可以治病，又可以做出三倍的事情。你还是去吧，去把病治好。请不要固执了，我请求你。

你的列宁

11 月，在列宁的劝说下，高尔基到德国养病。根据列宁的指示，他在国外的一切费用全部都由国家提供。

此时，德国正处于十一月革命被血腥镇压后的反动时期。高尔基深感那里的政治气候很不适于他的健康。这年年底，他去了捷克共和国的首都布拉格，但捷克政府对他进行秘密监视。这些状况使高尔基的心情极其矛盾和苦恼。一方面，欧洲各资本主义国家的政府由于害怕十月革命的影响，对他表示怀疑和不信任；另一方面，他的健康状况不允许他回国。直至 1924 年到了意大利，他的病情和心情才有了根本的变化。

在德国和捷克的两年半，在他养病阶段完成了自传小说三部曲的最后一部《我的大学》，以及《回忆录》、《日记片断》和《1922—1924 年短篇小说集》的部分章节。

《我的大学》写主人公阿辽沙在喀山时期的生活，结构似乎不如前两部精致，但风格还是与前两部一致的。总的来说，高尔基的自传体三部曲不愧是俄罗斯文学史上自传体小说的里程碑。

自传体小说三部曲是高尔基的主要作品之一，也是非常成功的传记作品。它既鲜明地展示了作为主人公的作家自己从童年到青年所留下的足迹，又形象地反映出了俄国十九世纪七八十年代的社会政治面貌，同时把二者有机地结合起来。

因此，可以说，高尔基对自传体小说三部曲的创作，标志着他在文学创作中一个新时期的开始。

1924 年 1 月 21 日，列宁逝世。他在一生中的最后几天，还在听人读刚刚出版的高尔基的《我的大学》。

得知列宁逝世的消息，高尔基无比悲痛和忧愁。当然，他对此也早有预感。因为列宁在两年前得了中风后，身体状况已经一天不如一天，并很少具体操持和过问国家事务。但是，尽管这样，列宁的威信仍然是至高无上的，他的话仍然具有权威性。

列宁的逝世对于高尔基是一个最沉重的打击。在很长的一段时间内，高尔基心中想的只有列宁和俄国。万分悲痛的高尔基在追悼会上给列宁敬献了花圈。

在花圈上，只简单地写着："永别了，我的朋友！"

虽然这仅仅是最朴素的一句话，却包含着高尔基许多难忘的回忆和深情的呼唤。

列宁的去世使高尔基的思想感情发生了深刻变化。回忆与列宁相处的点点滴滴，他感到在与列宁的意见不同方面，列宁都是正确的，而他自己往往是错误的。回忆起列宁对他是那么热情，而他却在当时不理解列宁，想来使他更加悲痛万分。他悔恨自己没有很好地接受列宁的帮助，于是发誓要纠正自己的错误，坚决走列宁所指的道路，此后果然从未发生动摇。

几个星期后，高尔基完成了一篇回忆列宁的文章，但他本人对它却很不满意。1930 年，他再次动笔作了很大的修改，并扩充了许多的内容。6 月，他改写完成，这就是著名的回忆录《列宁》。

在《列宁》里，高尔基倾注了他的全部崇敬与热情。全书共有两部分，第一部分写革命前高尔基与列宁在伦敦、巴黎、喀普里的会见；第二部分写十月革命后两个人之间的接触。

这部回忆录受到了高度的评价。奥地利著名作家茨威格写信给高尔基，信中他说：

"在全部当代文学里，我不知道有任何作品可与您描绘的列宁和托尔斯泰的肖像并驾齐驱。这是惟妙惟肖的两幅肖像，唯有它们将流芳千古。”

对高尔基来说，列宁是一个严厉的老师，同时也是一位体贴入微的朋友。回想起列宁对自己的帮助，高尔基的心中就充满着感激与怀念。他把这种思想感情化为工作的动力，以百倍的热情投入了生活和创作。

1925 年，高尔基完成了列宁的遗愿，写出了酝酿已久的《阿尔塔莫诺夫家的事业》。

《阿尔塔莫诺夫家的事业》共 4 部分，是高尔基晚期创作中最卓越的作品之一。在作品中，高尔基以其天才的艺术描绘，通过这一家三代人兴衰的历史，形象地说明了俄国资本主义产生、发展和衰亡的全过程，描绘了农奴制改革后和十月革命前的半个多世纪的俄国社会生活的独特历史风貌。

阿尔塔莫诺夫家族的第一代老伊里亚是家族事业的开创者，原是拉特斯基公爵家里的农奴，做过乔治公爵田庄的总管，到农奴解放的时候脱离了公爵，得到了一笔酬劳金，决定开一个麻布厂，创办自己的事业。

老伊里亚精力充沛，能够冲破一切阻力，推进“事业”，把自己的意志强加给别人。他开麻布厂，需要亚麻，可是人们说，这里的农民不种亚麻，这时他就说：“那要叫他们多种。”

老伊里亚是俄国第一代资本家，是俄国资产阶级上升时期的代表。他体现了资产阶级上升时期那种所向无敌的创业精神和作为一个掠夺者的血腥本质。

就在阿尔塔莫诺夫家这一家“事业”蒸蒸日上之际，老伊里亚在抬锅炉的时候，因用力过猛血管破裂而死。

老伊里亚死后，他的大儿子彼得勉为其难地接替了父亲的工作。彼得是个无能的人，他把父亲创下的事业看做是对自己的束缚。他心底一直幻想着回到农村里，去过闲适的庄园生活。

彼得的弟弟阿列克赛是自由资产阶级的代表，他比彼得精明得多，他力图用欧化改革和自由主义的空谈来巩固自己阶级的统治。但他生活在资本主义走向没落、无产阶级登上历史舞台的时代，他的努力也是徒劳的。

彼得的另一个弟弟尼基塔是个驼子。他对事业也没有兴趣，他的能力只限于做些整理花园之类的工作。自从彼得娶回纳塔利娅之后，尼基塔就偷偷地爱上了她。但他自惭形秽，不敢向纳塔利娅表白。终于有一天，他忍受不了了，上吊自杀。彼得和家中的扫院人吉洪把他救了下来。后来，尼基塔自愿去了修道院。

阿尔塔莫诺夫家的第二代人只是维持着事业的发展而已。

阿尔塔莫诺夫家的第三代生活在资本主义垂死的时期。他们不仅比祖父一辈，而且比父亲一辈都渺小得多，他们是个性毁灭最好的证明。彼得的小儿子亚科甫吃饱就睡，过着动物式的生活。十月革命风暴中，他从家里逃了出去，在火车上被人痛打一顿，像废物一样被扔到车厢外面去了。

在这个家庭中，唯一具有优良品质的是彼得的大儿子小伊里亚。他背叛了自己的家庭和阶级，走上了革命道路。高尔基通过他的道路指明，出身剥削阶级家庭的人唯一的出路是背叛家庭，参加革命。

另一方面，这部作品还写到了工人阶级的成长。由阶级意识尚未觉醒到不满情绪，在1905年革命风暴的影响下，先进工人在无产阶级政党领导下组织起来，聚会、学习、开展革命活动，最后接管了阿尔塔莫夫家的“事业”。

这部作品是高尔基对26年前开始的以《福马·阿尔杰耶夫》为起点的对俄国资本主义的探索的总结，是俄国资产阶级兴亡的历史画卷，高尔基塑造的伊里亚的典型形象丰富了俄罗斯文学的人物画廊，弥补了这一典型形象的空白，标志着他的创作的新的高峰。

病中坚持创作

1924 年 4 月，高尔基从捷克前往意大利的索伦多疗养。

尽管高尔基还想前往意大利的喀普里岛，但此时的意大利已经是一个政权日益法西斯化的国家了，法西斯头目墨索里尼于 1912 年上台后，已经把喀普里岛列入了法西斯化的管理。

高尔基只好带着家人定居于海湾南部的索伦多。

索伦多位于喀普里岛对面的陆地上，那里风光旖旎，是著名的疗养区。

就像高尔基第一次到意大利那样，他又受到了当地人民的热烈的欢迎，许多报刊也登载了他到达的消息。

有的人写信给高尔基："我同全体意大利人一道很高兴地获悉我们伟大的客人又回到了我们的国土上，回到了热爱着您的思想和您的爱国主义精神的国家。我和大家共同希望索伦多的气候条件会对您宝贵的健康起到良好的作用。"

然而，索伦多依然摆脱不了法西斯的控制，他亲眼目睹了法西斯分子对民主力量的迫害，这让他难过不已。

本来，高尔基这次来意大利并不打算久留。他以为这里的气候会使他很快地恢复健康，但事实并非如此。他的身体状况使他无法实现最初的想法，他需要较长期地留在索伦多。

可令高尔基气愤的是，墨索里尼政权也没有放过他。

1925 年 9 月，发生了一件极为恶劣的事。意大利的警察趁高尔基外出时，搜查了他的家。

高尔基当即给墨索里尼写抗议信："假如意大利警察当局认为我

在索伦多的停留会对意大利有所妨碍，那您为什么不直截了当地告诉我呢？”

墨索里尼政权的迫害引起了全体意大利人民极大的愤慨。因为高尔基是他们“伟大的客人”，他们热爱着他的思想，他的爱国主义精神一贯为意大利人所深深敬佩。

高尔基在世界人民心目中的声望迫使墨索里尼不得不有所收敛。

最后这件事以墨索里尼大失脸面地向苏俄大使做出今后不再发生类似的事件的保证作为了结。

来到意大利的第一年，高尔基深居简出。同外界接触较少，这与当时的政治形势有一定关系，同时，高尔基也想集中精力来从事写作。

高尔基每天写作达十多个小时，到索伦多后仅仅四个月就完成了《阿尔塔莫诺夫家的事业》的初稿。在此后的半年时间，他又对这部小说做了两次修改。

尽管高尔基想集中精力写作，但从他到达索伦多的第二年起，他就开始广泛地同外界联系。

在索伦多休养期间，高尔基关心祖国发生的一切重大事件，对年轻的苏俄文学的发展特别关注。他阅读了大量的新书、报刊上的广告和大量的手稿。

他在读了祖国青年作家列昂诺夫、费定、吉洪诺夫、巴别尔等人最初写的一批作品之后说：

“在年轻的俄罗斯文学中，使人感兴趣和有才华的人大有人在。我国人民极有才华！每座城市都有一个‘初学写作者’小组，几乎每个小组都有一两位使人能寄予很大希望的人物。这是一个非常可喜的现象，它说明我国文化艺术事业的不断壮大。”

高尔基将资本主义和社会主义的文学进行对比，得出一个结论说：“我国文学比欧洲文学更加饶有兴味，更为丰富多彩。”

高尔基与祖国的几十位青年作家都经常通信。给他写信的人有从事各种职业的人，不仅有一大批久负盛名的作家，或者初露头角的作家，而且还有大批的工人通信员、农民通信员，甚至是普通的社会主义建设者。

这些人每天从全国各地给高尔基寄来大量的书信、手稿、文学作品，提出各种要求，像对待自己的老师或朋友一样谈论自己的工作。高尔基每天收到的书信达四五十件之多。

一天清晨，他打开窗户，一边呼吸着窗外的新鲜空气，一边开始拆阅桌上没有读完的信件。

高尔基随手拿起一封集体农场农民通信员给他的来信，只见信中写道：

在乡村里是很困难的，富农和他们的帮手非常之妨碍工作，他们诱惑贫农离开集体农场，拒绝交出粮食给国家。然而我们知道，我们一定要达到自己的目的。不但我们这里，就是在外国也是一样，而现在受着的艰难和困苦，将来回忆起来可能会不相信呢。

是的，我们的生活有时候是有点困难，但是，我们可以自豪地说："事业进行得很快，贫农了解我们的布尔什维克。"

这封朴实、真挚的信，令高尔基心潮澎湃。他迎着初升的旭日，挥笔写下了一封热情洋溢的回信：

要使得苏俄1.62亿人民之中，每一个人都有轻松的、健全的、理智的生活所必需的一切，要使得人不会为着一块面包互相掐住了喉咙，要使得每一个农民和工人都觉得自己是国家和国内的无数宝藏的主人，就必须要在布尔什维克的旗帜下勇敢前进。

写完信，高尔基把几页信纸撕下来，放进一个信封里，在信封上工整地写下了几个字：

亲爱的田野里的突击队员福明同志收

接着，高尔基又拿起了笔，写了另一封长长的回信。他写道：

读了你们的信，心里又快活，又难过。快活，因为时常有你们这样亲爱的信写给我，都是工人写的，建设新世界的人写的，从全地球写来，甚至于从苏俄的地底下，顿巴斯的矿业区里写来。

看，有许多人写给我信，可见我对于工人是有用的，我对于他们总有点什么益处。这当然使我高兴，也给我增加工作的力量。

在这一时期，高尔基还孜孜不倦地用书信的方式指导着苏俄新一辈的作家们，就像他在十月革命前夕对待谢苗诺夫斯基、弗谢沃洛德·伊凡诺夫、马雅可夫斯基等作家那样。

1925 年，苏俄青年作家富尔曼诺夫的中篇小说《恰巴耶夫》和《叛乱》发表以后，文学界一片赞扬。但是，高尔基却给作者写信说："作为一个读者，会认为你的这两部小说很有意思，也颇有教益。可是，作为一个作家，我却认为这两部作品的艺术价值都不太高。"

高尔基写道："原因或许是你写得匆忙，写得草率。你像一个目击者在讲述，而不像一个艺术家在描绘，因而在故事中出现了大量完全无用的细节。可是除此以外，在描述中，在对人物性格的刻画中，也能感觉到你的真实本领，你的抓住主要的、有代表性的东西的本领。

“这已经是才华的证明、才能的标志。这可以大大博得读者对你的好感，可是也使我有权力向你提出严格的要求。你是能够和应该写得更好的。为了这个，你首先一定不要相信廉价的赞许，不要迷醉于成功。你不应该把这种成功归功于自己的才能，而应该归功于素材的重要意义。你实际上把这些素材处理得并不好。”

在信的结尾，高尔基语重心长地说：“文学也是一种战斗，这战斗比手持步枪的战斗更加困难得多。”

富尔曼诺夫收到这封信后，立即给高尔基回写了一封长信，表示对高尔基真诚的感谢。

富尔曼诺夫说：“在您的信中有许多鼓励我的话，这些话对我来说有如活命的水。”

他还在自己的日记中写道：“这是一种多么难以形容的快乐啊！马克西姆·高尔基亲自给我来了一封信。这不是一封赞扬的信，恰恰相反，高尔基更多的是责备，是指出缺点。可是我在读完这些令人振奋的辞句以后，却感到了怎样的一种力量啊！”

1926 年 3 月，富尔曼诺夫不幸病逝。他的妻子遵照遗嘱将他最后一部特写集《海岸》寄给高尔基，她在信中问道：“富尔曼诺夫成长了吗？《恰巴耶夫》和《海岸》之间有什么区别吗？”

高尔基在回信中说：“这本特写集文笔朴实、言辞简洁，描述得很有分寸。富尔曼诺夫的逝世，使我们失去了一位可以迅速在文坛上占有光荣地位的人。他的逝世使我痛心。在我国，有价值的人死得太容易和太早了。”

为了得到祖国更多的消息，高尔基还经常邀请在外国旅游的为数不多的苏维埃作家到他在索伦多的家中做客。

一天，作家伊凡诺夫被邀请来访。席间，伊凡诺夫谈起意大利的天气和意大利人的乐观性格时，表示很是欣赏。高尔基却表现得很是不以为然，他说："通常，意大利人是快乐的，他们温柔、健谈、可爱，有悦耳的歌喉。但是，意大利法西斯分子令人厌恶。和他们生活在一起越来越难。亲爱的朋友，我请求让我回到祖国，是的，我请求回国。在这里生活真令人烦恼，意大利的气候也让我难以忍受。"

高尔基的思乡之情溢于言表，他无限眷恋着俄罗斯的大地和人民，他渴望着能够早日再回到祖国的怀抱。

1928 年 3 月，高尔基 60 岁了。虽然他本人这时不在国内，但苏俄政府却为他举行了盛大的 60 周年诞辰纪念活动。

在活动中，国内的文学青年举行了相关的演讲和文学比赛，场面非常热烈。

高尔基在意大利的索伦多也接到了各方面的祝词和各报以及各种著名周刊为他寿辰所发的专号。

他虽然对这种铺张的庆祝行为并不赞赏，但在他进行文学创作 35 年之际，能够受到大众如此隆重的庆祝还是使他感到很欣慰。

大众对他的祝贺，不仅仅把他看做作家，更把他看做是一个朋友。他和世界上的许多名人一样，受到了国家、公共机关，以及各种民众团体和个人的崇敬和祝贺。

高尔基继续收到祖国各地发来的信件，他已经成为了苏俄人民群众崇拜的偶像。工人、农民和知识分子从遥远的祖国向他表达了爱戴之情。诗人叶赛宁在信中写道："整个苏维埃俄国时刻挂念着您，他们在想，您在哪儿？身体怎么样了？您的健康对于我们是十分宝贵的。"

随着时间一天天地过去，高尔基对祖国的思念也变得越来越强烈，他无法忍受意大利法西斯分子喧嚣的游行，意大利的明媚阳光也让他感到焦躁不安。

等他的身体恢复得差不多的时候，他开始做回国的准备，但让他唯一放心不下的是他的长篇小说《克里姆·萨姆金的一生》，他担心回国以后，就会中断这部作品创作。他在给朋友的信中说："我何时回俄罗斯？何时写完这部已经开了头的长篇小说？我可能需要一年的时间才能写完。"

尽管这样，高尔基的思乡之情终于战胜了理智，在 1928 年春天，当他刚写完《克里姆·萨姆金的一生》第二部的时候，他终于中断了写作，于这年 5 月离开了索伦多，踏上了回家的路。

再次回到故乡

1928 年 5 月 20 日，是个春光明媚的日子。这一天，高尔基到达了阔别 7 年之久的祖国。

这时的俄罗斯已与高尔基离开时完全不一样了，党的总书记斯大林取代了去世的列宁成为了国家元首。苏维埃俄罗斯在 1922 年已经正式更名为苏维埃社会主义共和国联盟。

高尔基返回苏联，成为苏联报刊的头条新闻，工人、农民、知识界都对他表示了热烈的欢迎。

在通往白俄罗斯车站的大街小巷，到处挤满了高举旗帜，或者拿着彩色气球、捧着鲜艳花朵的欢迎人群。

欢迎人群中既有红军战士、少先队员、工人，又有作家和学者。当高尔基走出车厢的时候，千百只手向他伸过来，把他举了起来。

高尔基在给《真理报》的文章中表达了自己的无限欣慰：

我不知道，曾几何时，在什么地方，是否有过一位作家曾受到读者这样亲切、这样欣喜若狂的欢迎。这种喜悦使我十分震惊……我不是个狂妄自大的人，我认为我的工作不应该受到如此高的评价。

在这个特别会面中，最重要、最令人愉快的就是我之所见所感。苏维埃年轻人能够欣赏、赞美工作，这就是说，他们懂得并感受到了他们准备和正在进行的事业的深刻意义及其国际与世界意义。

斯大林亲自在莫斯科为高尔基找了一幢房子，离克里姆林宫很近，这原是一位百万富翁的豪宅。这里很快成为苏联领袖和艺术家、作家们聚会的地方。

从到达莫斯科的那天起，高尔基就被无数的接见和参观所包围，他参加了数不清的欢迎会，有一次，他在会上说："我觉得我离开俄罗斯似乎不是 6 年，最少是 20 年。在这段时期，国家变年轻了。我有这么一种印象，似乎年轻的新生事物正在旧事物中、在旧事物的包围中成长……这就是我所见到的，我看到一个年轻的国家。在此期间，我本人也变得年轻了。"

高尔基回国后立即去陵墓瞻仰了列宁的遗体。在列宁的水晶棺前，他默默地站立了半个小时。在这半个小时中，他思考了很多很多，他想起了列宁的那句话："谁不同我们站在一起，谁就是反对我们，超然于历史之外，那只是一种幻想……"

高尔基在回国的第三天，就开始积极地投身到苏维埃文化建设的工作中去了。

他提出一项建议：创办专门登载特写的大型杂志《我们的成就》。

高尔基认为，苏联劳动人民应该树立一面镜子，他们在这面镜子中不仅能见到自己某一方面的成就，而且应当看到科学、文化、生产各个方面的成就。

高尔基还亲自到街头去观察生活。为了使自己不被群众包围，他有时还会进行化装改扮。他穿上旧大衣，贴上大胡子，戴上假发，打扮成一个工人模样，走在大街小巷，到市场上，同工人们谈话，谁也没有把他认出来，他却观察到许多有趣的事情。

回国后不久，高尔基接到全国各地发来的邀请函，希望他能够去参观访问。

其实，他早就有一个旅行全国的庞大计划，所以他在这一年 7 月，便离开了莫斯科，开始了旅行。

高尔基首先想看看他年轻时曾经徒步旅行过的那些地方。他游历了伏尔加河、高加索、克里米亚和乌克兰等地，最后来到了自己的故乡下诺夫戈罗德。

他在这里出生，在这里长大，还曾在这里乞讨，备受欺凌。如今，家乡如同接待贵客一样来欢迎他，回忆往事，让他感慨万分。

高尔基所到之处，人们向他展示了新开垦的处女地、乡村的阅报亭和无线电广播、新设的学校、刚刚建成的工厂、工厂的俱乐部和剧院，到处都是以他的名字命名的街道、广场、孤儿院、车站。

最让这位一辈子都在漂泊和流浪的老"流浪汉"感到欣慰的，是他在所到之处看到和感觉到的人们对他的爱戴。食品工会、建筑工会、邮电工会等各种各样的社会团体选他为名誉会员，军人们还送给他一支步枪。

在这一路上，高尔基总是情不自禁地重复着一句话："真是不可思议，真是太神奇啦!"

有些人认为这是高尔基的故意夸张，他对那些怀疑他的人解释说：

"你们在国内习以为常，熟视无睹，生活在日新月异的环境中，感觉不出翻天覆地的变化。这种变化，在每一条街道上都看得出，甚至从每一个行人身上都能看得出，他们走路的样子，也和10年前不同了。"

1928年夏天，高尔基又做了第二次旅行，他先到北方的彼得堡，后又去了索洛夫卡和穆尔曼斯克等地。然后他沿伏尔加河南下，到了斯大林格勒、阿斯特拉罕，随后还到了罗斯托夫、第比利斯等一些地方。这两次旅行，高尔基几乎游遍了他的祖国。

总之，他所看到的是社会主义制度所显示出的巨大威力。那些在旧俄国生活在社会底层的老百姓们已经全然没有了曾经的木讷呆滞的神情，变得神采奕奕、精神焕发。

原来高尔基所熟知的黑暗、野蛮、低俗、下流，都被种种文化进步的现象所代替：土库曼民族妇女和乌兹别克民族妇女纷纷摘掉了数百年来蒙在她们脸上的面纱；教养院中昔日的妓女和犯人正在认真地学习劳动技能。

高尔基把这些印象和事情都写进了反映俄罗斯新面貌的特写中去。还在国外时，他就向往着“写一本关于新俄罗斯的巨著”，但这个计划一直没有完成。

回国后，当他参观完了这些地方，他立即着手写作《苏联游记》《英雄们的故事》和许多政论文。可以说，这些作品都是他“关于新俄罗斯的巨著”的一些片断。

《苏联游记》共包括 5 篇特写。这本书在结构上的特点是把新的苏维埃国家和过去的沙皇俄国进行对比。

高尔基这样做是有目的的。他在这本书的序言中说：“我是新与旧的斗争的见证人。我在历史的法庭上，面对着劳动青年提出我的证词。他们对于过去的悲惨情况知道很少，所以对今日的情况常常过分轻视，甚至认识不足。”

这部作品的第一篇特写开头就是对旧俄时代巴库的描写，第二篇特写集中描写儿童的成长，第三篇特写描绘了第聂伯河水电站。

在《英雄们的故事》里，高尔基描写了最普通的人物红军战士和男女集体农庄的农民，表现出他们为建设新生活辛勤劳动的高度热情。

高尔基以自己的真挚情感，在作品中号召苏维埃的全体人民热爱祖国，以创作性的劳动建设自己的新国家。他写道：

在这样一个国家里生活和斗争是十分愉快的。在这里，党的伟大智慧和党的领袖约瑟夫·斯大林的钢铁意志，永远使人类摆脱了旧日万恶的习惯和偏见。

同志们，大家和谐地生活在一起吧，热爱你们第二个母亲、我们的强大社会主义祖国吧。

与高尔基的特写和短篇小说紧密相联的，还有他的政论文。高尔基在十月革命前虽写过不少这类文章，但他从 1928 年回国后写的政论文是他一生中最盛的时期。

高尔基的一生共写了大约 1400 篇的政论。他的政论，观察敏锐，文笔老练，直截了当，充满激情。

在他生命的最后四年里，他的文艺思想更成熟了。他的最重要的文学论点是“文学就是人学”。

20 世纪 30 年代，在高尔基的倡议、主持下，苏联出版了许多重要的历史和文学丛书，社会政治和文学刊物，如《内战史》、《工厂史》、《诗人文库》等丛书和《我们的成就》、《文艺学习》等刊物。

在这个阶段里，他的文学理论与批评活动的一个重要的内容是关于苏联文学创作原则的探讨。

早在革命前，高尔基就开始对无产阶级文学的特征进行探索，提出新文学的创作方法应以现实主义与浪漫主义相结合为基础。革命后，他根据苏联的社会主义现实生活和文学创作所提供的实际经验，对苏联文学的任务和方法等一系列原则问题从理论上作了阐述。

直至 20 世纪 30 年代初，高尔基仍然试图从现实主义与浪漫主义的结合中寻找形成苏联文学创作方法的途径，从而为后世的文学创作提供一定的理论依据，这一阶段的创作正好弥补了他的这个缺憾。

荣获崇高荣誉

1932年9月25日是个非同寻常的日子。尽管这不是什么节日，但在这一天，为了纪念高尔基创作40周年，苏联人民在莫斯科红场举行了前所未有的庆祝典礼。

出席此次庆祝大会的有苏联国家领导人，苏联文学界、艺术界、戏剧界、各社会团体和企业的代表，各国使领馆官员，以及首都各大报的记者。在主席台上就座的有斯大林、加里宁、莫洛托夫等苏联国家领导人。

在庆典上，苏联最高领导人斯大林亲自下令将高尔基的家乡下诺夫戈罗德城正式更名为“高尔基市”，同时授予高尔基苏联政府最高奖赏“列宁勋章”，将莫斯科艺术剧院更名为高尔基剧院，并在各级学校设立高尔基奖学金。

高尔基出生在下诺夫戈罗德城市，并在那里度过了他的少年时代，当听到这个消息后，高尔基万分激动。

他快步走上领奖台，全场立即响起了热烈的欢呼。

人民教育委员波波诺夫代表苏联全体文化教育工作者和百万青少年学生，向高尔基表示崇高的敬意，称他为社会主义文化所做的努力是整个劳动人民解放事业的一部分。

在观众的欢呼声中，高尔基一边答谢，一边激动地流下了眼泪。

在发言中，高尔基勉励青年要按照列宁的教导去指导自己的行动，他说：“学习！学习！再学习！因为青年人只有掌握知识才能树立起对真理的信仰，而这种信仰是改造旧世界的有力武器。”

从这一天起，在一周之内，全苏联各大剧院同时上演高尔基的戏剧作品，各个影院放映以他的生平为素材的电影《我的高尔基》；国内各个城市、乡村的街道，图书馆、文学团体、研究院所、工厂、农庄以“高尔基”命名的不计其数；世界各国的文学团体，都相继举行有关高尔基的晚会，出版高尔基专刊。

同一年，苏联中央颁布了改组文学艺术团体的决议，取消了当时存在的所有作家团体，把一切拥护苏维埃政权的纲领和渴望参加社会主义建设的作家团结起来，成立统一的苏联作家协会。

高尔基被选为作协组织委员会的名誉主席，成为苏联作家协会的组织者和领导者。

在苏联作家协会，高尔基进行了大量的组织工作，并在许多发言和文章中总结了自己的创作实践和苏联文学的经验。他的这些活动，对苏联文学的发展有很大的意义。

为了报答祖国人民对自己的厚爱，高尔基在回国期间还写了许多剧本，将新生的苏联带入“紧张的戏剧性时代”。

在这一时期，他写的剧本有《索莫夫等人》、《耶戈尔·布雷乔夫等人》、《陀斯契加耶夫等人》。同时，他还写作了以改造流浪儿为主题的电影剧本《罪犯》，又把自己的自传三部曲第二部《在人间》改编成剧本。在生活的最后一年，高尔基还改写了剧本《瓦萨·日烈兹诺娃》。

高尔基本打算写戏剧三部曲，内容是反映十月革命前夕至20世纪30年代这个时期资产阶级的没落，但非常遗憾的是他只完成了头两部，即《耶戈尔·布雷乔夫等人》和《陀斯契加耶夫等人》。

《耶戈尔·布雷乔夫等人》是以1917年2月资产阶级革命前夕的俄国社会为背景，成功地刻画了一批俄国社会的代表人物。

在这些人物当中，最突出的是“聪明放肆、胆大妄为”的巨商布雷乔夫的形象。

布雷乔夫原来是伏尔加河上的一个木排工人的儿子，年轻时是东家的小伙计，后来娶了东家的女儿，开始发迹，又靠着自己进一步的剥削和掠夺，变成了一个企业主。

后来，他患了肝癌，疾病迫使他重新评价自己的一生，他觉得自己被生活欺骗了。同时，当他看到比他还无赖百倍的人反而生活得很舒服，于是他认为自己的死是最大的不公平，对命运提出了愤怒的抗议，并进一步揭露资产阶级的罪行。

布雷乔夫看透了虚伪、腐朽、丑恶的资产阶级生活，意识到整个资本主义社会就像他本人一样，已经不可救药。

这个人物是高尔基笔下一系列背叛自己阶级的商人形象中最完美的一个。

在布雷乔夫的周围，主要有两种人。一种是千方百计维护统治地位、对抗革命的资产阶级分子，包括反动教士、地主、资本家、律师。女修道院长米拉尼雅认为必须用暴力镇压“造反的愚民们”，她引用某大主教的话：“从圣经的时代起，治理人民的手，就是用宝剑和十字架武装起来的。”

更值得注意的另一种人是无孔不入的商人、政治野心家陀斯契加耶夫。他眼见沙皇政权快要垮台，想像美国那样由“老板们自己掌握政权”。他看到布雷乔夫的病况严重，便溜掉了。他听到革命队伍涌上街头，便连忙混入游行行列，以便日后从革命队伍内部来破坏革命。这是一个阴险、狡猾的人。

布雷乔夫周围的另一种人，却是革命无产者和进步群众。他们同垂死的资产阶级进行坚决斗争。

布雷乔夫的教子拉普捷夫是一个坚定的地下革命工作者。他在剧本中虽然出场的次数不多，但这个布尔什维克的光辉形象却给人留下深刻的印象。

布雷乔夫的雇工多纳特、知识分子嘉钦都是拉普捷夫的忠实助手。布雷乔夫的私生女舒拉和女仆格拉菲拉等人，也在不同程度上帮助了革命。这些开始觉醒的人已经不甘心为资产阶级的“主子们”做奴隶了。

剧本的结尾是意味深长的。雄壮的革命歌声在街头巷尾回荡，传到布雷乔夫家中。害怕革命的人狼狈不堪地抱头鼠窜，垂死的布雷乔夫望着窗外。女儿舒拉跑向窗前，注视着游行队伍，向往着窗外新的生活。

这一结尾似乎宣告了新生活即将来临。

这部戏剧对苏联 20 世纪 30 年代戏剧的发展有着深远的影响。剧本“决不矫揉造作”，也不采用说教的方式，不从形式上进行摹仿，不单纯追求戏剧效果，而是“简洁、朴实”地刻画了一个十分复杂而又矛盾的人物。次要角色的刻画也都十分丰满。他们共同构成了极其广阔的社会画面。

剧本《陀斯契加耶夫等人》同《耶戈尔·布雷乔夫等人》有着共同的主题和登场人物，不过剧情描写的是 1917 年 7 月到 10 月这个历史时期的事件。

剧本的主人公是资产阶级代表人物陀斯契加耶夫。他跟布雷乔夫一样，比周围的资本家聪明。但他是一个“两面派”，他的口号是“适应”。他喜欢大言不惭地用达尔文的话来教训人：

“我们必须适应环境！万物之所以能够生存，就是因为能适应环境。”

陀斯契加耶夫的“适应”是资产阶级对抗无产阶级、同无产阶级进行斗争的一种形式。他的社会理想是大资产阶级当权的美国，他不择手段地保全自己的财产，以便有朝一日恢复过去的地位。他是社会主义最狡猾、最危险的敌人。

在剧本中，同陀斯契加耶夫相对立的，是一些新生活的创造者，如拉普捷夫、多纳特、李雅比宁、大胡子兵等。

多纳特是一位守林老人，他的形象比前一个剧本中有所发展。他被现实生活教育，而且阅历丰富。这是一个在革命中找到真理的人物形象。

李雅比宁是这些人物中最突出的形象。他是一个布尔什维克，一个普通士兵。他体现了人民群众的革命胆略、革命信心和那种对胜利的坚定信念。

大胡子兵出现在剧本的结尾，他虽然是一个群众角色，但他什么世面都见过。作者认为这是一个很有分量的人物，是那个时代的一个典型人物。

高尔基还计划写第三个剧本《李雅比宁等人》，但因为各种原因，他最终没有实现。

《瓦萨·日烈兹诺娃》本是高尔基在1910年就完成的剧本。这是一部揭露资产阶级的戏。到1935年底的时候，他又将这个剧本作了改写，而且改动得特别大，使它成了一个新剧本。

《瓦萨·日烈兹诺娃》的主题与小说《阿尔塔莫诺夫家的事业》，以及《耶戈尔·布雷乔夫等人》戏剧三部曲是比较接近的，只是高尔基是从一个新的角度来揭露资产阶级。

这部改写后的剧本同1910年的版本相比，改写本中的瓦萨的形象写得更加鲜明、深刻，更有说服力。而且还增加了女革命家腊塞尔的形象。这样一来，剧本的中心就不是通过一个富商家庭来揭露资产阶级生活的腐化和道德的沦丧，而是强调指出："资产阶级不可能有继承人，未来世界的主人一定是无产阶级。"

高尔基的晚年创作，称为"俄罗斯精神生活的编年史"作品。他的不同体裁的作品。对苏联的社会和生活都产生了深刻的影响。

文化巨人逝世

由于身体的原因，高尔基自从 1928 年回到祖国后，几乎每一年都会去意大利的索伦多休养一段时间。1933 年 5 月，他第五次从索伦多回到了苏联，从这时起，一直到他逝世的最后 3 年里，他都一直住在莫斯科。

这位已经 60 多岁的老人正打算为祖国人民更积极地贡献余热的时候，却遭到了一个意外的打击：他的独生子、37 岁的马克西姆·彼什科夫于 1934 年 5 月突然病逝。

可怜的高尔基亲眼看见了儿子死前痛苦的挣扎，这令他无比痛苦。

高尔基一直是个慈祥的父亲，他从来就没对儿子端过父亲的架子，他们的交往就像朋友一样友好。

早在 1907 年，在马克西姆小的时候，高尔基就把 10 岁的儿子送到巴黎的“俄语学校”去学习。当时高尔基流亡在意大利，从那个时候起，他一年可以与儿子相聚的日子只有两次。

夏天的时候，马克西姆会来到意大利热那亚附近的阿里亚细奥或喀普里与父亲团聚；冬天的时候，高尔基则会去巴黎与儿子相会。

高尔基不仅把儿子培养成有教养的人，而且使儿子成为自己思想上的同志。他深知书籍是人类最好的老师，非常注重书籍对人的教育作用，经常给儿子寄阅读书目，还亲自买书送给儿子，闲时还和儿子一同讨论共同读过的一些书籍。

他经常建议儿子去阅读托尔斯泰、屠格涅夫、柯罗连科的作品。高尔基在给儿子的信中说：

朋友，这些书中包含着真理，它比一切幻想和童话更为有趣。这对我们是有用的。

高尔基尽自己的努力培养儿子热爱一切美好事物、热爱人民、热爱大自然的感情。在马克西姆第一次离开喀普里后，高尔基曾给他写过这样一封信：

你走了，而你栽的花，还留着，还在生长。我看见这些花，就愉快地想，我的好儿子走后在喀普里留下了一些好东西——花。

如果你随时随地，在你的一生中只给人们留下好东西、思想和关于你的美好回忆，那么你的生活就会轻松愉快。那时你会感到自己是别人所需要的，这种感觉会使你的心灵丰富起来。你要知道，给予永远比取得更为愉快。

高尔基是一位坚定的爱国主义者，为此，他也非常重视培养儿子对祖国的热爱。

少年的马克西姆能够迅速地掌握法语和意大利语，对这一点高尔基非常满意。但是正因为这样，他也非常担心儿子会忘掉祖国的语言。他曾经给儿子寄过一本名叫《生动的语言》的俄语教科书，要求儿子把它当做案头必备的书。

在那段时间，高尔基给他写信说：

你年纪还小，又住在国外，可能会忘记讲俄语，那就不好了。应该像热爱母亲、热爱音乐一样热爱祖国的语言，应该把自己的母语讲得很流利，以便在必要时能简单明确地向别人表达你的思想。

你要记住，我们的祖国非常美好，要热爱我们的祖国，要很好地了解自己的祖国。

正是因为高尔基对儿子的教育有方，才使得成年的马克西姆成为了一个正直的人，并加入了布尔什维克。

20 世纪 20 年代，高尔基在国外养病的时候，他始终都和儿子马克西姆夫妇住在一起，儿子马克西姆是他最亲近的人和助手。

早在 1917 年到 1918 年之间，当高尔基和列宁产生分歧的时候，马克西姆就站到了列宁的一边，他积极参加十月革命，并不断地把父亲的情况告诉列宁。

在 1918 年上半年，马克西姆写信给列宁，他说："爸爸开始改正错误，'变得左一些了'。" 1919 年，马克西姆曾想参军上前线，但是列宁反对他这样做，列宁对他说："你的前线，就在您父亲的身旁。"

马克西姆深刻地领会了列宁说的话，并将这番话告诉了他的母亲和妻子。他懂得，帮助像高尔基这样的父亲，不仅是儿子的职责，而且是十分有意义的工作。

1921 年，他作为外交信使出使德国，高尔基去德国养病后，马克西姆就一直生活在父亲的身边。他经常为父亲做翻译、打印手稿，还经常为父亲开汽车或单独完成父亲的委托。

高尔基无论从心理上还是从工作上都离不开这个独生子，但无情的命运却跟他开了一个沉痛的玩笑。人们雪片般飞来的唁电安慰了这位老人。党和政府的领导人联名写信给高尔基，他们在信中这样写道：

我们同您一起哀悼，共同感受突然袭击我们的悲痛。我们深信，您那无坚不摧的高尔基精神和伟大的意志一定可以战胜这一次沉痛的考验。

事实证明，高尔基精神的确是无坚不摧的，作家仍然回到他繁重的工作中去。

1934 年 8 月，在高尔基的主持下，第一次全苏作家代表大会开幕。这是苏联文学界的一件大事，它标志着苏联文学发展到了一个新的阶段。高尔基在大会上作了题为《苏联的文学》的总结报告。在这次大会上，他被推选为全苏作家协会主席，从此，他在文学界的领导任务就更加繁重了。

尽管罗曼·罗兰比高尔基年长两岁，而且两人的身世、经历都极为不同，但是他们两人都真心实意地拥护无产阶级革命，热情地盼望人类光明的未来早日来临。他们的友谊建立在对世界上第一个社会主义国家的热爱上，建立在共同的理想上。这种真挚、高尚的情谊在世界文坛上一直传为佳话。

两位作家之间的书信往来已经长达 20 年之久，但直到这一年罗兰来到莫斯科，他们才第一次相见。两人的友谊从 1931 年起直到高尔基逝世为止的五六年是这段友谊的高潮。

1934 年 8 月 11 日，高尔基前往以他的名字命名的高尔基市。在儿媳和两个孙女的陪同下，他登上一艘以他的名字“马克西姆·高尔基号”命名的崭新的轮船，沿着伏尔加河顺流而下。

由于年老体弱，尽管周围的人对他照顾十分周到，但高尔基此次旅行仍然显得分外辛苦。河上潮热憋闷，机器的噪音折磨着他脆弱而敏感的神经。

他吃不下，睡不好，呼吸困难。然而，每当轮船停靠岸边，他仍要强撑着身子，打起精神去接见迎接他的各级官员和工人群众代表。

在克里米亚，高尔基休养了很长时间，身体仍然没能康复，最后不得已放弃了赴巴黎参加世界文化大会。

高尔基在克里米亚居住的别墅旁边，有一座荒芜的花园，每当写作间隙，他总要到花园里去翻土、种花、清扫，做一些简易轻松的体力劳动。即便是这种对一般人来说是简单的消遣，高尔基都要带上氧气袋，随时进行补氧。

现在，他只担心一件事，就是不能够完成《克里姆·萨姆金的一生》的写作。他在给好朋友罗曼·罗兰写信中表示了他的担心，他在信中说：

> 我做了不少工作，但是什么也没有来得及完成，现在已精疲力竭，而且真有点让人担心。今天，我咳了很多血。诚然，这并不可怕，但是像以往一样，总是令人特别讨厌。之所以令人生气，是因为周围的人都露出惊慌的神情，有的人还不断地来安慰我：不要害怕！而我害怕的只有一点：这颗心等不到我的小说完成就停止跳动。

1936年5月，克里米亚的气候干旱而又炎热。高尔基乘火车来到莫斯科，莫斯科也是闷热异常，他不得不搬到乡下去居住。

由于长途旅行的劳顿，加上身体一直不适，高尔基在哥尔克村患上了重感冒。衰弱的心脏和肺部使他一病不起，他的主治医生使尽了各种手段，仍然没有能够控制住病情。

从6月6日起，《真理板》、《消息报》和其他各报开始发表高尔基的病情公报。人们十分关心高尔基，慰问电和慰问信雪片

似的向哥尔克飞来，大家都希望敬爱的作家早日恢复健康。为了安慰高尔基，《真理报》还专为他印了一份不刊登病情公报的报纸。

6 月 8 日，斯大林、伏罗希洛夫、莫洛托夫等布尔什维克领导人到医院去看望病中的高尔基，不料，这竟是他们的最后一次会见。

气喘使高尔基不能躺下来，他终日坐在圈椅里，顽强地忍受着疾病的折磨。每当他感到轻松一点的时候，他就同周围的人们说笑，他嘲笑自己的软弱无力。有时候他还谈论文学，谈论生活。

在这个时候，高尔基经常怀念列宁。他读的最后一本书是《拿破仑传》，它由著名历史学家塔尔列在 1933 年完成。在这本书的书页上，至今保留着高尔基画的记号。但他最终没能够读完这本书。

高尔基最放不下的还是他的长篇小说《克里姆·萨姆金的一生》，他多么希望这一次还能够挺过去。他对周围的人说：

“我在拼着老命写，小说的结局，主人公的结局，作者的结局。只要活着，活着！未来的每一天都会带来奇迹。未来是无比非凡的，最有想象力的人也难以预见到！我们的生命太短暂，实在太短暂！”

他使尽全力用铅笔在小纸片上写下自己的感受：“东西变得越来越沉重，书籍、铅笔、玻璃杯，一切都显得比以前小。”

6 月 16 日，高尔基突然感到病痛缓解了，他对医生说：“瞧，我今天好多了。我坚信我会再次好起来的。”

但医生心里明白这只是病人临终前的回光返照。果然，高尔基又发起了高烧，并且咳血。弥留之际，他断断续续地说起对爆发世界大战的担心：

“要发生战争……必须做好准备……”

1936 年 6 月 18 日，高尔基完全失去了意识。莫斯科时间上午 11 时 10 分，世界文坛一颗巨星陨落了，高尔基永远闭上了那双热情、坦率而又睿智的眼睛。

苏联最高领导人斯大林下令为高尔基举行国葬。莫斯科苏维埃大厦上插上了丧旗，噩耗传遍了世界的每一个角落。

高尔基的遗体由哥尔克村运抵莫斯科，停放在苏维埃大厦的圆柱大厅，灵柩周围是鲜花和翠柏。国家领导人斯大林为高尔基的遗体守灵。络绎不绝的群众赶来瞻仰他的遗容。

6 月 20 日，莫斯科的红场披上了黑纱，高尔基的追悼大会在这里隆重举行，千百万群众涌到这里。会后，工作人员将把高尔基的骨灰安放进列宁墓后的克里姆林宫宫墙里。

苏联人民委员会主席莫洛托夫代表苏维埃政府在追悼会上所作的演说，表达了苏联人民对他们的伟大作家的深切哀悼和无比崇敬：

今天，和阿列克赛·马克西莫维奇·高尔基诀别，我们，他的朋友，和无数的他的作品的读者与崇拜者，都感到他永远是我们生命中的光荣的一页……在列宁逝世以后，高尔基的逝世是我国和人类的最严重的损失。

附 录

青春是有限的，智慧是无穷的，趁短短的青春，去学无穷的智慧。

——高尔基

经典故事

勤奋不懈地读书

高尔基出生在沙俄时代的一个木匠家庭，家庭极为贫寒。但他十分喜欢读书，在任何情况下，他都要利用一切机会如饥似渴地学习。他曾说："我扑在书上，就像饥饿的人扑在面包上一样。"他为了读书，受尽了屈辱。

那时的学徒，实际上是奴仆，上街买东西、生炉子、擦地板、洗菜、带孩子，每天从早晨干到晚，什么都要干。

高尔基十多岁时在鞋店当学徒，没有钱买书，就到处借书读。

在劳累一天之后，他用自制的小灯，坚持读书。老板娘禁止高尔基读书，还到阁楼上搜书，搜到书就撕碎。因为读书，他还挨过老板娘的毒打。高尔基为了看书，什么都能忍受，甚至甘愿忍受拷打。

他说："假如有人向我提议说：'你去广场上用棍棒打你一顿，我给你书看。'我想，就是这种条件，我也可以接受的。"

由于高尔基一生如饥似渴地读书，勤奋不懈地努力，他才写下了大量有影响的作品。

认真思考问题

高尔基在蛋糕店打工的时候，有一天一位顾客送来了一张订货单，要求订做9块蛋糕，但要装在4个盒子里，而且每个盒子至少要装3块。

9块蛋糕很快就做好了，但是一装盒子就困难了。老板想了很多办法都达不到顾客的要求。因为1个盒子装3块，只能装3个盒子，第4个盒子是空的；如果1个盒子装两块，4个盒子又只能装8块，还有一块没地方装，而且也不符合顾客的要求。

在一旁干杂活的小高尔基拿起那张订货单，认真地读了一遍，想了想，笑着对老板说："这有什么难的，让我来装吧！"说着，他拿了3个小盒子和1个大盒子，在每个小盒子里装了3块蛋糕，然后把3个小盒子装进了大盒子里面。这就满足了顾客的要求，9块蛋糕装在了4个盒子里，而且每个盒子里的蛋糕不少于3块。那个大盒子虽然装的是小盒子，但里边有9块蛋糕。

顾客来取蛋糕的时候，用十分挑剔的眼光检查了一遍，什么话都没说，放下钱，提起盒子就走了。

老板终于松了一口气。从此，他对聪明的高尔基也另眼看待了。

宽宏大量的胸怀

高尔基出访意大利那年，在一座小城里看到一张海报，上面写着："今天剧院将上演俄罗斯大作家高尔基的话剧《敌人》，演出后高尔基将亲自登台与观众见面。"

高尔基感到很吃惊，因为没人知道他已来到这座城市。

小城里的人都想一睹著名作家高尔基的尊容，所以买票看剧的人格外多。高尔基坐在观众席上，看了一阵之后，他感到剧情改动太大，便悻悻地离开了剧院，信步走到海边静坐。他蓦地想到，演出后"高尔基"还要与观众见面，便赶紧返回剧院继续看个水落石出。

观众们正在那里鼓掌高喊："我们要见高尔基！"

随后，假冒的"高尔基"登台亮相，只见他满脸笑容，频频向观众挥手致意。

高尔基去后台见他的时候，假冒者着实大吃一惊，低声地说：“难道真的是您吗？”

高尔基平静地回答：“是我。”

假冒者深表歉意：“请原谅。尽管过去我也努力演戏，可得到的报酬很少。为了改善一家人的生活，我只好假冒您。现在您可以骂我一顿了。”

高尔基大度地说：“为什么要骂你呢？不过，我还是建议你尝试一下光明正大的公开模仿，走出一条真善美的艺术之路。”

假冒者握着高尔基的手，激动地说：“谢谢您！您有像大海一样的宽广胸怀。”

后来，这位假冒者真成了一位颇受欢迎的模仿秀。就连高尔基也认为，他对自己的模仿惟妙惟肖。

慈祥的父亲

高尔基很爱自己的儿子。有一年，他在意大利的一个小岛上休养，他的妻子带着儿子前来探望他。

高尔基的儿子只有10岁，个儿还没有镢头高。来到爸爸身边以后，他顾不上休息，一直忙着栽种各种各样的花草。假期很快过去了，他告别了爸爸，跟着妈妈回去了。

春天到了，儿子种的花全都开了。高尔基坐在院子里，欣赏着儿子种的花，心里有说不出的高兴。瞧，那些盛开的花朵多像儿子红扑扑的脸蛋啊！

不久，儿子收到了高尔基从远方寄来的信。信里说：“你回去了，可是你栽的花留了下来。我望着它们，心里想‘我的儿子在岛上留下了美好的东西，鲜花。要是你留给人们的都是美好的东西，那你的生活该会多么愉快呀！’”

年　谱

1868 年 3 月 28 日，生于下诺夫戈罗德城的一户木工家庭。

1871 年，父亲去世，随母亲寄居在开染坊的外祖父家。

1884 年，外祖父家破产，只读了两年书的高尔基走向“人间”，当过鞋店学徒、洗碗小伙计、圣像作坊学徒等。

1884 年，怀着大学梦想到喀山。在码头当搬运工，在面包房当工人，开始接触革命青年，参加地下革命小组，阅读马宁书籍。

1888 年 6 月，同革命民粹派罗马斯一起到农村进行革命宣传。

1889 年 10 月，因同革命团体有联系，第一次被捕，释放后受到宪兵的秘密监视。

1891 年，为了进一步了解现实，以打短工谋生步行漫游南俄。

1892 年 9 月，第一篇小说《马卡尔·楚德拉》发表，开始用高尔基的笔名。

1894 年，接连发表不少短篇小说，其中著名的有《伊则吉尔老婆子》，并开始为大型刊物写稿。

1895 年，在首都大型刊物上发表《切尔卡什》等作品，引起首都评论界的注意。发表《鹰之歌》。

1901 年 3 月《海燕之歌》发表；4 月，被捕；5 月，被保释囚禁在家；9 月，被流放。10 月，被批准去克里米亚治病，一路上受到革命群众热烈欢迎。剧本《小市民》写成。

1902 年 2 月，俄国科学院会议选举高尔基为名誉院士，沙皇下令取消；3 月，列宁主编的《火星报》发表义章表示抗议。高尔基积极为社会民主党筹措经费。12 月，剧本《在底层》演出取得很大成功。

1905年1月9日，目睹1月9日流血事件，愤怒起草《告全国公民及欧洲舆论界书》，控诉沙皇政府暴行，因此被捕。在国内外压力下，沙皇政府被迫释放了他，仍给以秘密监视。下半年，参加布尔什维克党。10月组织出版布尔什维克公开报纸《新生活报》。12月，莫斯科武装起义失败。高尔基积极参加莫斯科起义。

1906年2月，为避开沙皇政府的迫害，到美国，写了长篇小说《母亲》、剧本《仇敌》和一系列批判帝国主义的政论。《母亲》在美国杂志上分章发表。10月离美国，抵意大利，在卡普里岛住下。

1910年6月，又一次会见列宁，向列宁谈到想写一部资本家家庭没落史。列宁建议留到革命胜利后再写。

1914年，主编出版《无产阶级作家选集》。主编反对帝国主义战争的刊物《年鉴》。

1916年，自传小说第二部《在人间》发表。

1921年，健康恶化，接受列宁的建议，出国疗养。

1923年，《我的大学》发表。

1924年1月1日，列宁逝世，写回忆录《列宁》。

1925年，完成长篇小说《阿尔塔莫诺夫家的事业》。

1926年，开始写《克里姆·萨姆金的一生》(1926—1936)。

1928年，国内庆祝高尔基60诞辰和文学活动35周年。5月，回莫斯科。

1929年，主编杂志《我们的成就》。发表特写《苏联游记》。主编《文学学习》、《在国外》等杂志。

1932年9月，被授予“列宁勋章”，他的出生地命名为高尔基市。编《工厂史》、《国内战争史》。

1934年8月，在苏联第一次作家代表大会当选为苏联作协主席。

1936年，继续写作《克里姆·萨姆金的一生》。6月初，患病；6月18日逝世，终年68岁。

名 言

- 谁劳动，谁就是主人！
- 最伟大的胜利就是战胜自己。
- 理想，能给天下不幸者以欢乐！
- 思想解放，人在精神上才越富有。
- 力量不在于数字，力量在于堡垒。
- 信仰是一种伟大的情感，一种创造力量。
- 人的愿望没有止境，人的力量用之不尽！
- 活着不能没有抱负，不然就会感到空虚。
- 感觉不到自己心里有愿望存在就等于没有生命。
- 向着前方，向着高处迈进，不断向前，不断向上。
- 如果一个人没有精神支柱，他就要受到世界的束缚。
- 回忆过去就会削弱自己当前的精力，动摇未来的希望。

● 优秀的人物，总是远离世俗的，而不是在罪孽的浊流里浪荡。

● 一个人追求的目标越高，他的才力就发展得越快，对社会就越有益。

● 劳动是理智最忠实的教师和组织者，它使理智合乎逻辑而又真诚直率。

● 光描写现存事物还不够，还必须记住我们所希望的和可能产生的事物。

● 生活就是渴望幸福，就是为了幸福而斗争，这也就是为了进步而斗争！

● 理智是一切力量中最强大的力量，是世界上唯一的自觉活动着的力量。

● 进步，就是走向幸福道路最近、最方便、最容易到达的道路的指标。

● 有一条法律是管一切的：不做违背你良心的事，你就不会在世界上做什么坏事了。

● 自己的思想是大海，别人的思想是江河，无论多少条江河流入大海，海水依然是咸的。

● 四周的东西是你的，脚底下的也是你的；地上的东西是你的，地底下的也是你的，这样人才算是站稳了！

● 不能使感情与理智分离，否则你的生活就会变成一连串不可思议的偶然现象，而且你也会毁灭。

● 有些人所做的每一件事情都有两面，一面是人人都看得见的：这是虚伪的一面；另外隐藏着的一面：那才是真实的。

● 一个人如果除了自己之外，在任何其他人身上都看不到一点点善良品质的话，那么，对他来说，整个世界就只能是一片沙漠。

● 一个实业家应该像制造机器的技师一样，冷静严格。如果想真正干出一项事业来，那就势必连每一颗最小的螺丝钉的摩擦力也得计算到。

● 也许一切谎言都是美好的，或者反过来，一切美好的东西都是谎言。世界上难得有什么东西比人们的臆想、梦想和幻想等等更值得注意的了。

● 只要有生活的愿望和对自身力量的自信，那么整个一生将会是一座壮丽的时钟，一座洋溢着精神力量，并以其崇高的业绩使人震惊的、伟大的时钟。

● 沉默只有对于那些把一切话都已经说完，再也没什么可说的人才是可怕和痛苦的！对于还没有开始说自己要说的话的人，沉默对于他们是简便和轻松的。

● 有一种真话是人所需要的，它以羞耻的火焰烧掉人心头的污秽和庸俗，这种真话万岁！还有一种真话，它像石头落在人的头上，打消人心头求生的愿望，让这种真话消亡吧！

图书在版编目(CIP)数据

高尔基／刘明山编著. —北京：中国社会出版社，2012.6

(世界名人非常之路)

ISBN 978-7-5087-4072-0

Ⅰ. ①高… Ⅱ. ①刘… Ⅲ. ①高尔基，M.(1868～1936)-生平事迹 Ⅳ. ①K835.125.6

中国版本图书馆 CIP 数据核字(2012)第 106215 号

书　　名：高尔基

编 著 者：刘明山

策　　划：侯　钰

责任编辑：侯　钰

出版发行：中国社会出版社　邮政编码：100032

通联方式：北京市西城区二龙路甲 33 号

编 辑 部：(010)66080360

邮 购 部：(010)66060275

销 售 部：(010)66080360　传真：(010)66051713

(010)66080300　传真：(010)66080880

网　　址：www.shcbs.com.cn

经　　销：各地新华书店

印刷装订：中国电影出版社印刷厂

开　　本：170mm×240mm 1/16

印　　张：13

字　　数：200 千字

版　　次：2012 年 7 月第 1 版

印　　次：2013 年 3 月第 2 次印刷

定　　价：26.00 元